KUWEI
酷威文化

图书 影视

女孩的正面管教

王金梅◎著

GIRL

山西出版传媒集团

山西人民出版社

图书在版编目（CIP）数据

女孩的正面管教 / 王金梅著 . — 太原：山西人民出版社，
2020.12

ISBN 978-7-203-11600-4

Ⅰ.①女… Ⅱ.①王… Ⅲ.①女性—家庭教育 Ⅳ.① G78

中国版本图书馆 CIP 数据核字（2020）第 183077 号

女孩的正面管教

著　　者：王金梅
责任编辑：郝文霞
复　　审：吕绘元
终　　审：梁晋华
封面设计：八牛设计

出 版 者：山西出版传媒集团·山西人民出版社
地　　址：太原市建设南路21号
邮　　编：030012
发行营销：0351-4922220　4955996　4956039　4922127（传真）
天猫官网：http://sxrmcbs.tmall.com 电话：0351-4922159
E－mail：sxskcb@163.com 发行部
　　　　　sxskcb@126.com 总编室
网　　址：www.sxskcb.com

经 销 者：山西出版传媒集团·山西人民出版社
承 印 厂：北京永顺兴望印刷厂

开　　本：889mm×1194mm　　1/32
印　　张：7
字　　数：220千字
印　　数：1—1000册
版　　次：2021年1月 第1版
印　　次：2021年1月 第1次印刷
书　　号：ISBN 978-7-203-11600-4
定　　价：39.80元

如有印装质量问题请与本社联系调换

目　录
CONTENTS

1

第一章 关爱女孩，是一切管教的开端

女孩与男孩不同

每个孩子既是上帝派来的天使，也是父母生命的延续。每个父母都愿意竭尽所能，把最好的一切给予孩子。父母爱孩子是天性使然，这一点毋庸置疑。但是父母在管教孩子时，却不一定总是得心应手。特别是家有女孩的父母，随着孩子一天天长大，经常会有这样或那样的焦虑。其实，管教女孩不仅要懂得正面管教的黄金法则——和善而坚定，更要清楚地知道女孩与男孩的不同。只有了解女孩不同阶段身体和内心的变化，尊重女孩的成长规律，才能养育出身心健康、独立坚强、聪慧优雅的女孩。

一、生理差异

人类有 2000 多种遗传基因存在于 X 染色体内，而生殖基因则活跃在 Y 染色体周围。母亲在孕育胚胎时，含有一对 X 染色体的受精卵会发育成女孩，含有 X、Y 染色体的受精卵会发育成男孩。X、Y 染色体分别形成女性的卵巢和男性的性腺，胚胎在发育过程中卵巢和性腺开始分泌性激素[①]，雄性睾丸激素和雌性黄体酮激素在男女胎儿体内数量的不同，使其具有不同的身体特征，并且还会影响不同个体的行为方式。

比如，雌性的脑垂体会释放更多使皮肤产生触碰需求的催产素，它使女孩的皮肤比男孩更薄、更透明，也更喜欢被抚摸。因此女孩的感觉器官比男孩敏感 10 倍，她们与亲人、朋友之间更喜欢肌肤接触。所以在女孩伤心难过或需要鼓励时，不妨给她一个大大的拥抱，这样能让她在心里滋生出一股温暖的力量。

---

①性激素：英文写作 sex hormone（化学本质是脂质），是指由动物体的性腺以及胎盘、肾上腺皮质网状带等组织合成的甾体激素，具有促进性器官成熟、副性征发育及维持性功能等作用。雌性动物的卵巢主要分泌两种性激素——雌激素与孕激素，雄性动物的睾丸主要分泌以睾酮为主的雄激素。

男孩和女孩在神经纤维束的数量上也存在差异。神经纤维束是连接左右脑的桥梁，其数量越多，左右脑的联系就越紧密。女孩大脑中的纤维束板——胼胝体明显比男孩大，所以女孩擅长同时运用左右脑，而男孩一般只能调用其中半个大脑的信息，这就使女孩具有和男孩不同的思维方式。此外，女孩的左半脑比男孩的左半脑发育得快，因此女孩经常表现出更强的语言天赋，而负责空间和视觉感知的右半脑与男孩相比则发育较晚，所以女孩记不住路、空间方位感差是情有可原的，父母不要着急，一定要给女孩足够的时间，让她慢慢成长。

需要提醒的是，在身心发育上，女孩比同龄男孩至少早两年进入青春期，这是造成女孩比男孩更早成熟的主要原因。因此父母在关注女孩的生理变化时，一定要多留意她性格上的微妙变化。

二、性格差异

女孩的性格天生与男孩不同。男孩活泼，女孩文静；男孩勇敢无畏，女孩小心谨慎；男孩抗压能力强，女孩更有韧性。因此父母在教育女孩时，要根据女孩的性格特点，采取正确的教养方式。

英国精神病学家、心理学家约翰·鲍尔比曾提出著名的"依恋理论"。他说："孩子只有和至少一名成人建立了牢固的精神纽带，才能自信地发展自己的天赋。"女孩性情较为柔弱，往往对父母有更深的依恋心理。在女孩出生后的前几个月里，父母要充满爱意地抚摸女孩，温柔地和她聊天，多花一些时间陪伴她，尽量母乳喂养。父母在这一时期和女孩建立的牢固亲情可以帮助她更好地应对成长过程中遇到的心理和情感难题。

三、女孩的优势

俗话说，尺有所短，寸有所长。每个女孩都有自己的优势和劣势，父母在教育女孩时要充分了解女孩的优势和劣势。唯有因材施教，才能事半功倍。

女孩在幼年时期，便已表现出与男孩不同的特点。由于女孩天生保持视觉注意力的时间较长，在声音和微表情识别方面更具优势，因此父母注视女孩时，一定要给予她更多的微笑；在与女孩说话时，更要轻声细语，这样女孩长大后才会更善于交际。女孩在 6 个月时往往表现得比男孩独立，她们可以较长时间地陶醉于自己小小的世界里，这样的女孩长大后更擅长处理个人生活上的问题。7 个月时，女孩的手部肌肉表现得更灵巧，父母可以训练她们自己握勺吃饭、拿笔画画、做手工（摆弄小珠子之类的物品时，父母一定要加强监管，防止孩子误食）。天赋加上练习，女孩在长大后会更加心灵手巧。幼儿园时期，女孩会显现出舞蹈和语言方面的天赋，动作技能也得到充分发挥，语速更快。

父母教育女孩应从女孩的优势出发，但不能先入为主，刻板地要求女孩做这做那，更不能盲目地为女孩规划人生。比如有的女孩明明喜欢跆拳道，父母却固执地认为那是男孩擅长的项目，自作主张地替女孩报了绘画班；有的女孩明明擅长理科，父母却认为女生学文科将来好找工作，坚持让她学习文科。父母这些陈旧、僵化的观念，不利于女孩的身心发展。

父母可以想象女孩未来的样子，但不能按照自己的想象塑造一个完美女孩。尊重女孩自身的优势，顺势而为，才是善教之道。

尊重女孩，消除性别成见

随着时代的发展和社会的进步，在年轻的父母中，重男轻女的思想较少存在，甚至有些父母更喜欢女孩。但是这并不意味着所有的父母都没有重男轻女的思想倾向。在现实生活中，有些原生家庭依然存在对女孩的不公平行为。有些从父母有意无意的谈话中流露出来，有些从爷爷奶奶等老一辈（他们中的很多人具有根深蒂固的重男轻女的思想）的行为中体现出来。无论哪一种情况，都会对女孩敏感细腻的心灵造成巨大的伤害。一旦女孩意识到自己被轻视，这种不自信的负面心理就会成为伴随她一生的阴影。

　　平等地对待女孩，父母不仅要在言行上对男孩女孩一视同仁，更重要的是要从内心深处认同女孩，消除性别成见。既有男孩又有女孩的家庭，父母尤其要注意自己的心态和言行。孩子无论是男是女，父母都会疼爱，这一点毋庸置疑，但父母也许会在不经意间更看重男孩，在潜意识里存在"养儿防老"的旧思想。这种思想上的细微变化，可能连父母自己也察觉不到。

　　人们的行为都是思想意识指导下的结果，错误的想法会引导父母做出不公平的行为。父母一旦发现自己思想上产生了偏差，就应该立即停止，将自己拉回到正确的养育女孩的轨道上来，并及时抚慰女孩被伤害的心灵。

　　13岁的思雨念初一时，爸爸妈妈给她添了一个小弟弟，名叫思辰。起初她不太习惯这样的变化，但是从小深受宠爱的思雨很快就爱上了这个可爱的弟弟。她学着妈妈的样子细心地照顾弟弟，日子似乎过得很和谐。但是没过多久，思雨的情绪就急转直下。她看起来一天比一天焦虑，后来竟变得沉默寡言。尤其是在弟弟哭闹时，她会立即捂住耳朵躲进自己的房间，直到有一天妈妈察觉到思雨的异样。妈妈和爸爸商量后，决定将思辰留给爸爸照顾，自己带着思雨去她最喜欢的海洋馆散散心。

　　海洋馆的游览快结束时，妈妈随口问思雨："闺女，今天玩得开心吗？"思雨咧着嘴笑着回答："妈妈，我很开心，感觉好久都没这么开心了呢。"妈妈接着问："妈妈发现你最近不太高兴。发生了什么事，可以告诉妈妈吗？"思雨听完妈妈的话，嘴边的笑容戛然而止，她低下头不说话。妈妈看着思雨轻声说："闺女，妈妈十一二岁的时候，也喜欢把不高兴的事藏在心里不告诉别人，可是，妈妈是可以帮助你的人，只要你说出来，妈妈肯定能帮你解决难题。妈妈爱你，妈妈希望你每天都开开心心的，你能告诉妈妈你的难题，让妈妈帮你想想办法吗？"

　　思雨像被人看透苦楚似的，突然委屈起来。她看着妈妈，眼泪在眼眶里打转，哽咽地说："我感觉爸爸不爱我了。他白天忙着上班，下班回家就围着弟弟转，他都好久没陪我下围棋了。我每次把围棋拿出来摆弄，他就跟没看见一样。爸爸是不是只爱弟弟不爱我？"

妈妈赶忙抱了抱思雨，安慰她说："爸爸爱你，爸爸和妈妈一样爱你。爸爸下班就忙着照顾弟弟，忽略了你的感受，是爸爸不对。我们回去告诉爸爸你的想法，我相信他一定会给你一个满意的答复，你说好吗？"思雨的情绪逐渐稳定下来，她轻轻地点点头，露出久违的笑容。

思雨的爸爸一直想要一个男孩，虽然他很爱思雨，但"延续香火"的小火苗一直在他心里燃烧着，直到后来有了思辰，便对儿子疼爱有加。爸爸认为思雨已经是大姑娘了，可以照顾好自己了，慢慢地忽视了对她的关心，直到妈妈把事情的原委告诉了爸爸，他才意识到自己的想法和行为已经伤害了心爱的女儿。爸爸经过深刻反思，终于认识到了自己的错误。他自嘲似的对妈妈说："女孩也是血脉的传承，不能因为想有一个能传宗接代的儿子就重男轻女啊！"

后来爸爸妈妈在照顾思辰时，再也没忽略过对思雨的关注和照顾。每个周六和周日，一天带思辰去游泳，一天陪思雨去围棋社学习棋术。思雨又变得像从前一样活泼开朗了，她也更爱弟弟了，因为弟弟并没有夺去父母对她的爱，她从父母那里感受到了同样多的爱。

父母只有从心底认同女孩，才能给予女孩平等的爱。人们都说幸福的女孩是宠出来的，小时候有爱萦绕在身旁，被爱包围着、温暖着的女孩，长大后才更有勇气和能力拥抱幸福。

妈妈是女孩最好的榜样

临床心理学家劳拉·马卡姆说："孩子和成年人一样，对武力和控制具有反叛的本能。"

在生活中，很多父母总是试图用掷地有声的话语去说服或命令女孩做一些看起来正确的事。这样的说教更像是一种控制。事实证明，说服教育远没有父母身体力行的榜样教育来得直接、有效。

　　神经科学家经过研究发现，人的大脑通过"镜像神经元"接受他人的行为方式。"镜像神经元"还可以捕捉大脑在无意识状态下关注的信息，比如他人如何站立和行走、如何微笑，抑或是如何表达快乐与愤怒。正是基于这样的原理，孩子会不自觉地模仿大人的行为，在潜移默化中让自己的行为发生变化。

　　由于女孩与妈妈性别相同，女孩在生活中对妈妈具有更高的认同感，也更爱模仿妈妈。所以，妈妈素日里的言行举止会不知不觉地影响女孩的思维方式和行为模式。妈妈在为人母之前也许习惯了率意而为，但是有了女儿后，就要注意提高自身的修养。妈妈的修养，决定了女孩一生的修养。妈妈现在的样子，很可能就是女儿未来的样子。

　　3岁的乐乐非常"喜欢"口红，她捏着一支橘色口红往嘴上涂，妈妈发现时，她已经涂得满脸满手都是，口红也被"蹂躏"得不成样子。这已经是乐乐第五次把妈妈心爱的口红送进垃圾桶了。

　　新潮时尚的乐乐妈妈对彩妆一直情有独钟，生了孩子后，虽然多了几分为人母的成熟与温婉，但依旧热衷于打扮自己。她每天出门前都要在梳妆镜前化一个多小时的妆，其中最喜欢的就是涂口红，梳妆台上摆放着各种色号的口红。小乐乐经常看妈妈化妆，耳濡目染，自然对口红也"情有独钟"起来，有时还会趁妈妈不注意，拿起口红就往自己嘴上抹，结果可想而知。

　　有一次妈妈出差，乐乐的姑姑临时帮忙照顾乐乐。一个月后，妈妈出差归来，发现乐乐竟然对口红不感兴趣了，反而对绘本爱不释手。乐乐的姑姑是一位小学语文老师，平日里素颜朝天，但她酷爱看书，气质不俗。照顾乐乐的这段日子，她陪孩子读了不少绘本，求知欲很强的乐乐像干涸的土地吸收甘露般吸收着绘本里的知识，享受着绘本带给她的快乐。

　　后来乐乐妈妈也意识到自己的行为对乐乐的不良影响，她如梦初醒，从此将琳琅满目的化妆品束之高阁，即使偶尔化化妆，也不再浓妆艳抹，只化得体大方的淡妆。不仅如此，她还把原本用来化妆的时间都留给了乐乐，陪孩子看书、学英语。如此一来，不但解决了之前一直困扰着她的育儿问题，也收获了更多的亲子之乐。

妈妈是女孩最好的榜样，女孩会通过观察妈妈的生活起居、待人接物、情绪管理等行为，来经营自己的生活。所以，妈妈要以身作则，发挥榜样的力量，把女孩培养成一个温柔、独立、优雅、自信、与人为善、有人格魅力的人，而不是一个肤浅、虚荣、软弱、暴躁、无法与人和睦相处的人。

爸爸应给予女孩充分的安全感

美国心理学家卡伦·霍尼认为，人不是受所谓快乐原则统治的，而是受安全的需要支配的。因此，在女孩的儿童时期，就应该给予她足够多的温暖和亲情。只有这样，女孩才会感到满足，才会拥有真正的安全感。安全感属于个人内在的精神需求，它是一种渴望安全和稳定的心理需求。女孩一旦缺乏安全感，就会感到焦虑，并且这种焦虑情绪对其一生都会产生持续且重大的影响。

在中国绝大多数家庭中，爸爸往往扮演着一家之主的角色。无论是在经济方面还是在生活方面，爸爸都起着不可替代的作用。妈妈给予女孩无微不至的照顾，而作为家庭秩序缔造者的爸爸则承担了更多的责任。爸爸宽阔的胸膛、坚实的臂膀、坚强的意志和冷静果断的行事风格，能给予女孩更多的安全感。

爸爸是女孩人生中遇到的第一个有深厚情感联系的异性，对她的成长自然有着非同一般的意义。那些从爸爸身上获得足够多的安全感的女孩，会拥有积极、独立、乐观的个性和良好的人际关系，而且她们的婚恋也会很顺利，懂得承担责任，懂得呵护和关爱家人。反之，没被爸爸疼爱过的女孩，一生都会过得紧张、焦虑、缺乏安全感，甚至出现自闭倾向。

马雪容貌秀丽，身材高挑，外在条件十分出众，男朋友对她百依百顺，但她却总是闹着要分手。终于在她第 N 次提出分手时，男朋友同意了。分手后的马雪陷入深深的伤心和痛苦之中不能自拔。最后在朋友的劝说下，马雪去找心理医生咨询。在心理医生的启发下，她才逐渐敞开心扉。原来她一直缺乏自信，没有安全感，不相信男朋友真的爱自己，所以才会一而再，再而三地用分手的方式来试探。一旦真正分手，结局印证了她的担心，她就更加不自信了，结果陷入恶性循环。

其实在旁人看来，马雪不仅长得漂亮，而且工作能力很强，是一个非常优秀的职业女性。然而，这么优秀的女孩，为什么会缺乏自信呢？

在心理咨询师的耐心开导下，马雪讲出原委，原来她的童年过得并不幸福，她的父亲重男轻女，从小就喜欢男孩，不喜欢女孩。马雪上小学二年级的时候，语文、数学都考了 100 分，一放学就兴冲冲地跑回家，希望得到爸爸的夸奖。但是爸爸只是不耐烦地扫了一眼，就把成绩单扔在了一边。

不管马雪做得多么出色，她都得不到爸爸的关注和夸奖。在爸爸眼里，她就是一个"赔钱货"。长期的漠视和冷暴力，让马雪对自己充满了深深的怀疑，在心中埋下了没有安全感、不自信的种子。长大后，虽然马雪远比同龄人优秀，但她的内心一直缺乏安全感，极度不自信。

其实在现实生活中，这样的例子比比皆是。如果一个女孩从小没能从爸爸那里得到足够多的爱，没有获得足够多的安全感，那么，她就会花费更多的时间，走很长的弯路，去寻找内心的安全感。虽然有的女孩通过努力学习或者自我疗愈，最终找回了自己，但是仍有许多女孩一直被困在寻找安全感的囚笼里，没有办法走出来。

俗话说，父爱如山。爸爸在家庭中的作用是妈妈无法替代的。爸爸给予女孩的爱，也是妈妈无法替代的。因此，爸爸应该多陪伴女孩，给予她足够多的关爱，让她明白：不管发生什么事情，爸爸都是最坚实的靠山。

不宠不骂，正面管教女孩

在养育女孩这件事上，中国的父母容易走两个极端。一个是对女孩百依百顺，无论她提出什么要求都会无条件地满足；另一个就是过分严厉，认为只有严苛管教，女孩才能成才。这两种方式在短期内似乎都有一定效果，但从长远来看，其弊端会逐渐显现，甚至会影响女孩的健康成长。百依百顺、要星星不给月亮，父母没有原则的溺爱，会把女孩宠得霸道蛮横、自私自利、不守规矩、不顾他人的感受；而严苛管教出来的女孩，则会胆小怕事、缺乏主见、自我压抑、敏感自卑。

事实上，不宠溺、不打骂，正面管教出来的女孩，性格更开朗，做事更积极，更有责任感，更独立，更坚强。

小月家境优越，父母常年在外做生意，虽然赚了不少钱，但是很少有时间陪在小月身边。小月学习成绩不好，经常旷课、逃学，出于愧疚和补偿心理，父母不但不管，反而给小月大把的零花钱，对她百依百顺。时间一长，小月竟然养成了骄奢蛮横的坏脾气，人生观、价值观也有问题。还未成年的她最大的爱好就是在网上晒名贵的包包、衣服、鞋子。

小月还经常醉驾，多次违章。即使这样，父母也从不管教女儿，而是通过金钱和人脉替小月摆平。最终，小月因一次醉驾酿成大祸，她以120公里／小时的车速撞上了一辆停在路边的小轿车，造成一死一伤的惨剧。

这个惨痛的教训给小月的父母敲响一记警钟，但是为时已晚，正值青春年华的女孩不得不在牢狱中度过漫长的岁月。

有句话说得好，父母不管教自己的孩子，社会就会替他们管教。

大多数父母都希望自己的女儿像公主一样长大，而且女孩天生乖巧可爱，更容易招人疼爱，但溺爱不是真爱，溺爱只会害了女孩。心理学研究表明，溺爱孩子的父母并不是从爱孩子的角度出发，而是在他们心中藏着一个缺爱的小孩，他们只是通过溺爱孩子的方式，来满足自己情感的缺失。

与小月的父母相反，宝珠的父母则是典型的"狼爸""虎妈"。他们信奉"棍棒底下出孝子"的育儿理念，认为只有严苛地管教孩子，她将来才能成才。这对父母忽视了女儿内心的感受，过分严苛的教育，几乎是对她的一种精神虐待。

宝珠从 3 岁起，每天就被逼着背诵古诗词。从小到大，父母很少夸奖她、鼓励她，总是用挑剔的眼光看待她所做的一切。宝珠长大后回想起自己的童年，印象最深的就是父母经常在饭桌上批评她、指责她，她总是一边哭一边吃饭。即使宝珠长大之后成了出类拔萃的职场精英，然而每当回想起童年往事，还是会伤心地流泪，幸福的感受力极差。可以这么说，她今天的成功，是以父母对她心灵的伤害为代价换来的。

教育女孩的正确方法，应该是不宠溺、不打骂，以温和、坚定的态度，培养女孩的责任心和自律性，让其在爱的阳光下自由、幸福地成长。

然而，要想做到温和、坚定，却不是一件容易的事情。

在生活中，很多父母经常会混淆温和与冷漠的概念。在养育女孩的过程中，面对亲子之间的冲突，这些父母虽然看起来镇定、冷静，但内心想要控制女孩的欲望却非常强烈，可以说，他们只是戴了一张"温和"的假面具。当父母想要控制女孩时，爱的流动便停滞了。于是我们经常会看到这样一幕：女孩被父母的假温和逼得都快崩溃了，父母却浑然不知。

另一方面，女孩乖巧可爱，女孩会撒娇，很多时候父母一看到自己的女儿，整颗心都要融化了。即使女孩犯了错，由于表现得楚楚可怜，于是父母不忍责罚，轻易就原谅了她。需要提醒父母的是，在教育女孩的过程中，态度一定要坚定，不要摇摇摆摆，不要不痛不痒，不要半途而废。当然，这里所说的坚定不是惩罚，而是引导女孩学会敬畏规则、遵守规则。

不管是宠溺还是打骂，都是通过外在的干预对女孩进行控制，是不可取的。而温和、坚定地教育女孩,则是注重激发其内在的自我管理机制,激励她成为更好的自己。

女孩的"习得性无助"

"习得性无助"是指人或动物接连不断地受到挫折,感到自己对于一切都无能为力,从而丧失信心,陷入一种绝望无助的心理状态。这一研究成果来自于美国学者马丁·赛里格曼和史蒂文·梅尔在20世纪60年代末期和70年代早期进行的一系列著名实验。在实验中,研究人员对狗进行电击,开始的时候,狗会表现出极大的痛苦,吓得屁滚尿流,百般挣扎,但最终发现根本没有办法逃脱。实验重复多次后,在电击之前,研究人员先把笼子打开,可是即使有了逃跑的机会,狗却没有逃跑,而是躺在地上不停地颤抖、呻吟,绝望地等待电击的来临。

心理学家发现,人类如果老是在一件事情上失败、遭受挫折,也会放弃挣扎,并且对自己产生怀疑,觉得自己一无是处,命该如此,这就是"习得性无助"者的心理状态。

8岁的女孩彤彤,被亲生父母长期、频繁、毫无理由地暴力殴打,不管是吃饭的时候还是写作业的时候,母亲都有可能突然暴跳如雷,歇斯底里地叫喊着对她掌掴、撕扯头发,将她拽倒在地,甚至用扫帚、椅子等物殴打。母亲殴打孩子,父亲也是如此,抽巴掌是家常便饭。彤彤经过长期挨打,对此已经麻木。每次挨打之后,她都会机械地从地上爬起来,机械地继续写作业或者吃饭。像彤彤这样长期遭受家庭暴力的女孩,会留下难以愈合的心理创伤,长大后面对欺凌或暴力,几乎没有勇气拒绝或反抗,也很难再信任别人。

不仅肢体暴力会造成女孩的"习得性无助",语言暴力、冷暴力同样可怕。法国临床精神病学专家玛丽-弗朗斯·伊里戈扬在她的《冷暴力》一书中提到，所谓冷暴力及精神虐待，指无须通过现实中的肢体暴力，而是靠日复一日地对某一特定对象冷漠、轻视、贬低、羞辱、嘲讽、排挤，致使对方心理上受到伤害。

世界卫生组织的一份报告显示，中国青少年的自杀率位居全球第一。北京大学的徐凯文教授经过研究发现，中国自杀学生父母的职业分布图显示，教师、医护人员和公务员名列前三。这说明冷暴力比肢体暴力更加可怕，越是高级知识分子，越不屑于使用肢体暴力，但在表达失望、不满、厌恶、愤怒等情绪时，会在言语和精神上带给孩子很大的压力。

童年对一个人的影响是深远的，莫言说过，愿意用自己的一切，换取一个幸福的童年。因此，父母在养育女孩时，除了避免肢体暴力以外，还要注意避免语言暴力、冷暴力。不管是哪种暴力，作用都如同躲不开的电击。女孩如果长期在一个充满暴力的环境中长大，她就会对自我产生怀疑，对这个世界产生怀疑，即使能够反抗，她也会选择逆来顺受。

幸运的人，一生都被童年治愈；不幸的人，一生都在治愈童年。每个女孩都是天使，愿天下所有的女孩都被父母温柔以待，走出"习得性无助"的噩梦。

管教女孩要有"四心"

在女孩的成长道路上，父母扮演着极其重要的角色。如果想陪伴女孩健康成长，那么"四心"必不可少。

一、爱心

爱是美德的种子，闪耀着人性的光辉。女孩就像小树苗，需要父母的爱心浇灌才能茁壮成长。有爱心的父母，才能教育出有爱心的女孩。

父母的爱心，不仅体现在养育女孩上，也体现在生活的方方面面。父母以身作则，孝敬老人，女孩全都看在眼里，记在心上，久而久之，就会以父母为榜样，效仿父母；父母关心他人，善待他人，女孩就会关心他人，善待他人；父母热爱生活，热爱一切美好的事物，女孩就会热爱生活，热爱一切美好的事物。

父母的爱心，不是狭义的小爱，而是一种崇高无私的大爱。身教重于言教，父母自己有爱心，才能传递给女孩更多的爱。女孩在有爱的家庭中长大，自然而然就会具备爱的能力。

二、耐心

人的成长有一个过程。从牙牙学语的女婴到天真无邪的女童，再到活泼可爱的少女，需要十几年的时间。养育女孩不是一件一蹴而就的事情，而是一项长期工程。因此，父母要有足够的耐心陪伴女孩成长。

首先，父母应该给予女孩探索世界的机会，而不是大包大揽，一切都替女孩安排得十分周到。女孩出生以后，无论是说话、走路还是穿衣吃饭，都需要通过反复的练习，才能使自己的能力不断地提高。可是在现实生活中，我们经常会看到有些父母不耐烦地催促女孩："快点，快点。"女孩笨拙地用勺子、筷子吃饭时，父母觉得这样吃太慢，就干脆亲自喂她；女孩穿衣服、系鞋带的时候，父母嫌她太磨蹭，就自己代劳；女孩做作业时，父母嫌她总是把答案写错，就在一旁指手画脚，甚至直接告诉她答案。

其实女孩有自己的成长节奏，父母事事包办，只会剥夺女孩学习和探索的乐趣。父母应该沉住气，用极大的耐心，给予女孩足够广阔的成长空间。只有在女孩最需要的时候，才给予她必要的帮助。

父母的耐心还表现为不急躁。比如，看到女孩做事慢慢吞吞，不要表现得很不耐烦，不要大吼大叫，更不能施以拳脚。

比如孩子跟小朋友在外面玩儿，怎么都不肯回家，有的父母非常急躁，不仅对孩子吼叫，而且强行把孩子拖回家，根本不顾及孩子的感受。殊不知，大喊大叫得多了，孩子就充耳不闻了。对孩子的性格以及亲子关系也会造成消极的影响，导致孩子不敢表达自己的想法，不愿意跟家长多说话。

父母在教育女孩的过程中，应该耐心地体察她在不同阶段遇到的困难和烦恼，耐心地帮她排解，而不是一遇到问题就粗暴地斥责或打骂女孩。

三、细心

女孩出生以后，每隔一段时间就会有一些令人欣喜的变化：学会翻身、学会说话、学会走路、长出第一颗乳牙，等等。当女孩的身体发生变化时，她的心理也在发生着变化。2~3岁是女孩人生中的第一个叛逆期，7~9岁是女孩人生中的第二个叛逆期，12~18岁是女孩人生中的第三个叛逆期。因此，父母要从女孩的身体和心理两个方面，对她细心照顾，帮助女孩健康成长。

当女孩遇到困难，急需父母的关心和帮助时，如果父母因为疏忽而没能及时发现，女孩的生活和学习就会受到影响。比如，女孩在学校与同桌闹了矛盾，情绪低落，闷闷不乐，父母如果能够及时察觉，给予疏导，教给女孩正确的解决方法，那么女孩就能学会与人相处之道，以后与他人发生矛盾冲突时，也知道怎么应对。所以说，父母一定要细心地察觉女孩的情绪波动，及早地发现问题、解决问题。唯有如此，才能为女孩的成长保驾护航。

四、责任心

有责任心的父母，才能教出有责任心的女孩。

许多年轻的父母由于还没有做好为人父母的准备，孩子就来了，所以他们将孩子扔给老人，自己则熬通宵、追网剧、打麻将，玩得不亦乐乎。这种父母自己的心理都不成熟，自己都需要别人来照顾，怎么能承担得起养育孩子的责任呢？

某市曾发生过一桩惨剧。一个妈妈带着两个8岁的双胞胎女儿去河里游泳。两个女孩下水后，妈妈就在岸边自顾自地玩起了手机。后来天色渐渐暗了下来，这时妈妈才发现两个孩子不见了。最后经过多方寻找，救援人员在河的下游找到了两个女孩的尸体。可怜两个女孩小小年纪就丧失了生命，而这位妈妈也注定会在痛苦和悔恨中度过余生。

为人父母，就应当承担起应尽的责任。父母无论多忙，都应当挤出一些时间来陪伴女孩，比如陪她做游戏、看书、听音乐等。陪伴孩子的时候，不要心不在焉，不要玩手机。人在心不在的陪伴是无效陪伴，不仅不能增进亲情，还可能发生意外。

父母的责任心，不仅体现在对女孩的养育上，还体现在生活、工作、与人交往、参加公益活动等各个方面。父母永远都是女孩的榜样，父母什么样，孩子就什么样。父母有责任心，自然会将这份责任心传递给孩子。

父母关系对女孩身心健康的影响

家庭是女孩成长的第一环境。在家庭中，能为女孩提供稳定的人际关系体验的，就是父母。女孩的身心是否健康，不仅取决于父母如何尊重她、教育她，更取决于父母之间是否恩爱和睦，是否能给女孩提供一个安全可靠、温馨美好的家。

美国家族治疗大师萨尔瓦多·米纽秦曾经说过，父母关系稳定、家庭和睦的成长环境，是女孩心理健康和人格健全发展的基本保障。对于女孩来说，看到父母无法解决他们的冲突，就好像体验到脚下的地面裂开一样。

父母之间观点不一致是很正常的事情。这个时候，父母若能心平气和地沟通，共同努力解决矛盾冲突，将有利于女孩的身心发展。更重要的是，女孩会从父母的相处模式中，学会如何直面问题、如何处理矛盾、如何控制情绪、如何解决问题。反之，父母大发雷霆，争吵不休，互相攻击，互相伤害，则会对女孩的身心发育造成不良影响。

在父母感情不和、经常吵架或冷战的环境中长大的女孩，会变得胆怯自卑，对婚姻充满恐惧，成年之后往往会逃避恋爱，逃避婚姻。

远远谈过三次恋爱，每次到了谈婚论嫁的关键时刻，她总是会动摇、退缩，最后让一段关系不了了之。经过了解才发现，在她很小的时候，爸爸就出轨了，虽然最后回归了家庭，但父母之间的关系非常糟糕。妈妈心有怨恨却不离婚，经常找借口三天一小吵，五天一大吵，爸爸开始还能忍受，后来忍不住了也会提高嗓门，最后干脆沉默不语，用冷暴力来对待家人。一家三口虽然在同一个屋檐下生活，但家不像家，亲人不像亲人。

远远在这样的家庭氛围里长大，从小就没有得到过安全感和幸福感，长大后对自己没有信心，对婚姻充满恐惧。当她到了谈婚论嫁的年纪，即将步入婚姻的殿堂时，她的脑海里时常浮现出父母激烈争吵和厮打的可怕场景，于是就会寻找各种借口，摆脱即将到来的婚姻关系。

如果父母感情不和，就会将很大一部分精力和时间消耗在矛盾冲突上，无暇关心和照顾女儿，导致有些女孩在家庭中得不到温暖，转而向外部寻求关爱，结果很可能碰到坏人，误入歧途。事实证明，父母关系不好，长期争吵，家庭笼罩在令人窒息的低气压之下，女孩不管是身体还是心理都会出现问题。

北京中医药大学的中医博士罗大伦接触过许多肝气不舒，甚至有抽动症的孩子。他发现在这类病例中，并不是孩子的身体有问题，而是他们所处的家庭氛围有问题。因此他在给这些孩子看病的时候，经常会要求孩子的父母一同前来，通过观察孩子的父母是否有矛盾来找到导致孩子生病的真正原因。不仅如此，他的治疗方法也很特别。他告诉这些孩子的家长，回家后的第一件事就是召开家庭会议。父母有分歧有矛盾的，先解决矛盾和分歧。事实上，当父母的矛盾解决了，家庭氛围变好了，许多孩子根本不用吃药，自然而然就恢复了健康。

父母互敬互爱，家庭和睦，有利于女孩人格的发展。因此，父母就算不为自己，哪怕只是为了孩子，也应该处理好夫妻关系，给女孩一个温暖的家。

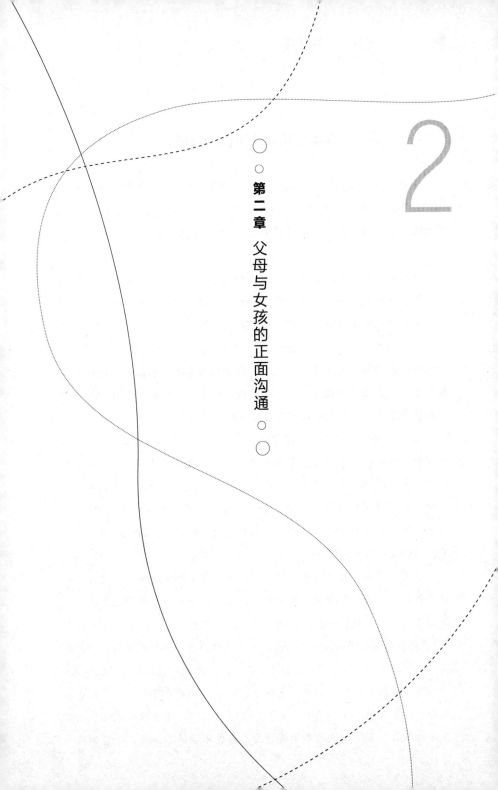

第二章
父母与女孩的正面沟通

多听少讲：学会耐心地倾听

父母多听少说是亲子沟通中的基本原则之一，父母应该学会耐心地倾听女孩的心声。遗憾的是，很多父母不注意倾听女孩的感受，最终导致女孩不愿与父母说心里话，甚至彻底关闭沟通的大门。

王梅从小成绩优异，是个念书的好苗子。为了给孩子创造更好的学习条件，父母商量再三，决定让王梅转到市里的中学读书。爸爸在农村老家承包蔬菜大棚赚钱，妈妈在城里陪读。

王梅转学后，一方面，身边高手云集；另一方面，由于来自农村，当她面对条件优越的同学时，就会有强烈的自卑感，所以她的成绩大幅度下滑。在原来的学校里，她几乎每次都考第一名。到了新的学校，第一次期中考试，她的成绩在班里只能排到第二十名。

因为转学的想法是妈妈提出来的，所以妈妈也承受着巨大的压力。全家的经济收入几乎全投在了王梅的学业上，孩子成绩下滑，妈妈完全不能接受。她一遍又一遍地在王梅面前唠叨，说父母付出了很大的代价才为王梅提供了到城里上学的机会，王梅不努力学习多么对不起父母，等等。面对妈妈的说教和指责，王梅起初还辩解几句，后来就懒得解释了，她变得越来越沉默。

一次放学后，王梅没有按时回家，而是去参加了一场同学聚会。等她回到家，妈妈大发雷霆，不由分说，拿起扫帚就向王梅身上打去。王梅情急之中推了妈妈一把，妈妈的情绪彻底失控，说了许多"女儿白养了""竟然动手打妈妈"之类伤人的话。从那以后，王梅虽然每天都按时回家，却总是一副心事重重的样子，而且她再也没有跟妈妈好好说过话。

母女之间的疙瘩，直到爸爸从农村老家赶来后才得以解开。爸爸和王梅推心置腹地谈了一次话，在整个交流过程中，爸爸很少说话，一直在认真倾听。王梅坦诚地告诉爸爸自己转学之后很不适应，一直都很自卑，与同学格格不入，一个朋友都没有，而那次同学聚会，是新同学第一次邀请她参加活动。说着说着，王梅泪流满面，而妈妈也是第一次感受到女儿内心的委屈，流下了悔恨的泪水。

在生活中，很多父母总是把女孩当成一张白纸，想教给她尽可能多的道理和经验。这个出发点是好的，但是在教育女孩的过程中，应该注意方式方法。父母一味地说教，女孩未必会欣然接受；父母自认为是正确的说教，未必是女孩想要的。事实上，给女孩以话语权，多倾听女孩内心的想法，爱才能流动起来。亲子沟通的效果并不取决于父母说多少，而在于父母对孩子了解多少、说在点子上的话有多少。多听少讲，才能更好地走进女孩的内心世界。

一、多听少讲，不要敷衍

有的父母在跟女孩说话时，一边刷着手机，一边头也不抬"嗯、嗯"地附和几句，看起来好像是在跟女孩交流，实际上父母的注意力根本不在沟通上。女孩会敏锐地捕捉到父母的心不在焉，从而失去与父母沟通的兴趣。

二、多听少讲，让女孩自己面对问题

很多时候，当女孩向父母诉说她的烦恼时，并不意味着她真的不知所措。很可能她已经有主意了，只是想通过倾诉释放压力。所以父母不要急于替她做决定，而是应该给予安慰，让她平静下来，理清思路，找到解决问题的最优方案。

三、多听少讲，产生共情

父母与女孩沟通时，应该注意观察她的肢体语言。通过解读她的肢体语言，感受她的情绪变化。当女孩因为一件小事而伤心或者愤怒时，有些粗线条的父母就觉得这是小题大做，觉得女孩反应过度了，或者觉得女孩幼稚可笑，于是居高临下地批评女孩矫情，这就会使女孩因为不

被理解而产生受挫的感觉，结果不愿意再对父母吐露心声。

换位思考：设身处地地为女孩着想

换位思考，就是我们常说的有共情能力。同一件事情，不同的人会有不同的看法；同一个世界，在父母和女孩的眼中也是不一样的。父母在养育女孩的过程中，应该从女孩的角度出发，学会换位思考，多为女孩着想。

有这样一个故事，讲的是父母带着孩子出去游玩，父母眼中满是鳞次栉比的高楼大厦和琳琅满目的商品，玩了一天，父母以为孩子会非常开心，结果孩子一点都不高兴。后来父母蹲下来才发现，原来从孩子的视角，看到的只是一双双大人的腿。

那么，作为父母，应该如何设身处地地理解女孩的感受，更好地走进女孩的内心世界呢？

一、父母要尊重女孩的性格特点和生长规律

父母不能只站在自己的角度，按照自己的标准去要求女孩，而应该转换角色，根据女孩的性格特点和生长规律，采取正确的方式与她相处。女孩是胆大还是胆小？是大大咧咧还是心思缜密？父母只有理解女孩在不同情境下的感受，做到心中有数，才能建立融洽的亲子关系。

有一对母女去参观广播电视塔，里面有一个弧形的通道，工作人员通过投影仪将一些美丽的画面投射在墙壁上供人们观赏。墙壁上光影浮动，明明暗暗，非常好看。

当这个妈妈带着五六岁的女孩走向那条通道时，女孩怎么都不肯往前走。妈妈只好耐心地劝说："你看这个墙多漂亮呀，我们去参观一下吧。""你是不是觉得害怕呀？没关系，妈妈抱着你走过去。"但是不管妈妈怎么劝说，女孩就是不肯往前走。

这位妈妈终于忍不住发火了，她对女孩大骂道："这么胆小，能有什么出息！好吧，你就在这儿待着吧，别跟着我了！"说完，这位妈妈怒气冲冲地朝前面走去，把自己的女儿留在原地。女孩吓得哇哇大哭，她却不管不顾。

对于大人来说，这条通道并没有什么可怕的，它只是一个观看投影、欣赏艺术的地方，但对于年幼的女孩来说，那是一个晦暗不明、变幻莫测的地方。妈妈只从大人的角度出发，没有考虑小女孩的感受，这种做法会加深小女孩的恐惧。同时，妈妈在女儿心中留下的也是一个冷酷无情的形象。

二、父母要真正了解女孩的需求

父母应该了解女孩的需求，并适度满足她的合理需求。唯有如此，女孩才能学会换位思考，拥有共情的能力。否则女孩长大后，即便其他方面非常优秀，但是不会换位思考，不会为他人着想。这样的人，人人避之唯恐不及，必然会造成人际关系和心理方面的困扰。

三、父母应该鼓励女孩做真正的自己

在生活中，我们看到有些父母完全不顾女孩的感受，轻则当众对她进行说教，重责打骂。在父母的高压下，女孩会将真实的自己隐藏起来，为了迎合父母，假装不害怕、假装懂事、假装有礼貌，有心事不愿意跟父母说。女孩跟父母的关系看似和谐，其实冷淡、疏离。父母只有真正地为女孩着想，才能赢得女孩的信任。

四、父母要有一颗包容的心

父母的世界是有限的，孩子的未来是无限的。父母要允许女孩有跟自己不同的想法、不同的意见，不要以为自己的所思所想都对，不要总是带着成见去否定和指责跟自己意见相左的声音。

五、父母要注意观察女孩的情绪

当女孩向父母吐露心声时，父母应该敏锐地捕捉到女孩的真实感受，并且通过恰当的方式予以回应，让女孩获得一种被认可的喜悦。这样做不仅能很好地处理女孩遇到的难题，也能让亲子关系更加和谐、融洽。

放弃控制：不要逼出"乖女孩"

心理学家曾奇峰在写给女儿的信中说："有些父母会把自己弄得惨兮兮的，对孩子说，为了你，我舍不得吃、舍不得穿，拼命地工作，等等。他们这样做，实际上是想操控孩子，结果孩子丧失了维护自己权利的伦理立场和道德勇气，对父母的要求——哪怕是无理的要求都会无条件地服从。"

父母在孩子跟前"卖惨"，其实是想控制孩子。父母千万不要把对孩子的养育，当成控制孩子的筹码。

一、父母想要控制女孩，是因为对自己的人生不够满意

我们相信，天底下所有的父母都渴望成为好家长。但是当他们的理想或者说梦想没有实现时，就会将那些未曾实现的愿望寄托在孩子身上。家有女孩的父母，会逼着她弹钢琴、练舞蹈、学唱歌、学书法……不管女孩情愿不情愿，不管女孩喜欢不喜欢。其实，父母这种以爱的名义控制女孩的做法，只会"绑架"女孩的幸福。

二、父母想要控制女孩，是因为内心缺乏安全感

有的父母经历了原生家庭破碎、童年生活动荡等痛苦，内心有强烈的不安全感，所以在养育女孩的过程中，就会牢牢地把她"拴"在身边，对女孩关心过度：担心她不会穿衣服，担心她吃不饱饭，担心她不会坐车，担心她到了新的环境无法适应……一天 24 小时，恨不得每时每刻都对女孩进行监控。

三、父母无法控制自己，才会转而去控制女孩

露露的妈妈是一名舞蹈演员，颜值高，穿着打扮很有品位，但露露却是一个比较喜欢自在的女孩，平时爱穿 T 恤、平底鞋。妈妈想将露露打扮成理想中的小公主模样，露露却偏爱舒适、休闲的风格，母女俩经常为穿什么衣服而争吵。妈妈指责露露说："一看到你穿的衣服，我就气得胸口疼，昨天晚上我又一夜没睡好觉。"

从妈妈的指责中可以看出，妈妈无法控制自己的情绪，希望通过对露露的控制，达到平息自己不良情绪的目的。虽然露露敢于反抗，但是迫于父母的压力或者出于对妈妈的担忧，无奈之下只好选择妥协，做一个父母掌控下的"乖乖女"。

四、父母控制女孩，实际上会将女孩与整个世界隔离

明明是学校组织的集体活动，父母却以"不安全"为由把女孩关在家中；明明参加健美操表演要求穿短裙，父母却以"天气冷"为由命令女孩穿上长裤；孩子明明想报考心仪的大学，父母却以"离家太远"为由要求孩子报考离家近的大学。父母这种简单、粗暴的做法，只会折断女孩的翅膀，将女孩圈养在一方小天地中，剥夺女孩自我成长的机会。久而久之，即使将女孩放飞，她也早已忘记了翅膀的扇动。

五、父母控制女孩，剥夺了女孩自律的机会

有些父母会控制女孩的时间，帮她制定一份日程表，要求女孩严格按照日程表来执行，比如几点写作业、几点看书、几点弹琴，等等。时间久了，女孩就会机械地执行父母的安排，丧失了自律的机会。女孩长大后，一旦脱离了父母的控制，就会变得茫然无措，完全不知道如何进行自我管理。

六、父母控制女孩，会让女孩的叛逆期延后

父母过度控制女孩，会让原本处于叛逆期的女孩内心的需求完全被

压制。表面上安静、乖巧，内心却有一座火山，只是迫于父母的威严，暂时处于休眠期。很有可能在未来的某一时段，比如结婚后或生子后突然爆发，重新经历青春期或叛逆期，把丢失的自我找回来。

可以说，放弃对女孩的控制，是每位父母的必修课。父母应该早点补上这一课，早点学会放手，给予女孩一定的自由，在尊重女孩的基础上，充分挖掘女孩的潜能，让女孩找到真正的自我。

非暴力沟通：轻声细语地管教不听话的女孩

美国的马歇尔·卢森堡博士发现，在人与人的沟通中，由于表达方式和态度的问题，经常引起不必要的冲突和矛盾，甚至给沟通双方造成重大伤害，因此他提出了"非暴力沟通"的理念。

非暴力沟通，简称 NVC，是一种强大、有效的沟通方式，也是一种善意的生命语言。一旦父母接受并掌握了这种沟通方式，就会欣喜地发现：沟通方式对了，一切就都对了。

一、非暴力沟通的第一个要素是观察

父母看到女孩的所作所为时，首先要保持客观、冷静的态度，不要做任何评价。比如看到女孩不跟别的小朋友玩儿，父母可以说："今天下午我看到你一个人坐在树底下。"而不是带着强烈的主观感受指责女孩："你太胆小了，你都不敢去跟小朋友说话。"父母要把看到的事情客观地陈述出来，把观察与评论区分开来。因为人在倾听时，对于别人话语中的批评特别敏感，甚至因为想保护受到伤害的自尊心而产生逆反心理，女孩也不例外。

二、非暴力沟通的第二个要素是感受

女孩不跟别的小朋友玩儿，有可能是她感到害羞、害怕，也有可能是其他原因。比如女孩说："妈妈，我想念琪琪了。她家为什么要搬走？"

或者说："那些小朋友都有新玩具，就我没有。"父母要通过女孩的话语去觉察她的情绪和内心的感受。

三、非暴力沟通的第三个要素是了解对方的需求

父母要学会通过沟通了解女孩内心的需求。如果女孩默默地坐在角落，想念搬走的好朋友，那么她正沉浸在失去好朋友的低落情绪中，此时她非常需要父母的安慰；如果女孩不跟别的小朋友玩儿是因为别人都有新玩具而她没有，那么女孩正陷入小小的自卑情绪中，此时她非常需要父母的鼓励。

父母应该通过仔细的观察和用心的感受，捕捉女孩真实的想法。如果不管三七二十一，一上来就是一通批评和说教，女孩很有可能会拒绝与父母沟通，再也不肯向父母敞开心扉。

四、非暴力沟通的第四个要素是提出明确的要求

父母应该清楚地告诉女孩，父母希望她做什么。如果父母只告诉女孩不能做什么，女孩多半会感到困惑，因为她仍然不知道该做什么。与其让女孩猜测父母的意图，不如明明白白、清清楚楚地告诉女孩，父母希望她做什么。

比如对于情绪低落的女孩，父母可以明确地提出自己的请求："爸爸妈妈抱抱你，可以吗？""爸爸妈妈希望你振作起来，能笑一笑吗？"对于陷入自卑情绪中的女孩，父母可以说："没问题，爸爸妈妈可以给你买一个新玩具。但是即使没有新玩具，爸爸妈妈仍然希望你与小朋友玩得很好。"

父母不要用非常规手段威胁女孩，也不要用物质奖励去刺激女孩，丢下不理、大吼大叫、动手打骂等暴力的方式就更不可取了。当父母强迫女孩就范时，会激起女孩的抵抗。即使表面上看起来十分顺从，其实女孩的内心是抗拒的。

父母运用非暴力沟通的方式与女孩进行沟通，女孩会获得巨大的安全感和幸福感。非暴力沟通向女孩传递的是父母的爱和尊重。这样的沟

通方式，可谓春风化雨、润物无声，在不知不觉中教养了女孩，不仅让女孩学会了爱和尊重，而且能够增进亲子关系。

察言观色：读懂女孩的肢体语言

女孩为什么会吃大拇指？为什么会把摆好的玩具突然推翻？为什么会一次又一次地把玩具扔到地上？为什么会躲在门后面偷偷地观察陌生人？

女孩的肢体语言，往往反映了女孩此时此刻的情绪和需求。成年人的肢体语言大都经过后天的训练，具有一定的欺骗性，儿童的肢体语言却出于本能，往往能够反映他们内心最真实的想法。然而，许多父母因为读不懂女孩的肢体语言，造成不少误解，有时甚至造成对女孩心灵的伤害，而这种伤害很可能一辈子也无法弥补。

口头语言虽然是人类最基础、最常用、最直接的交流工具，但是儿童的交往首先是从肢体语言开始的。即使在他们学会说话以后，肢体语言也起着一定的辅助作用。女孩的眨眼、大笑、噘嘴、跺脚等动作，就反映了女孩未说出口的情绪和想法。父母要想对女孩进行早期的教育和培养，就必须了解女孩的肢体语言。这样才能更准确地理解女孩的思想和情感，建立良好的亲子关系。

麦麦有一个非常喜欢的玩具——一只白色的毛绒小狗。平时父母把小狗放在书桌上，每次麦麦爬到书桌底下，双手举过肩膀或者用后背摩擦书桌，父母就明白，麦麦是想玩小狗了。父母就会把小狗从书桌上拿下来递到她手里，麦麦搂着小狗能开心地玩儿好半天；但如果哪一天父母太忙没留意到麦麦的这些动作，麦麦就会表现得很不耐烦，大哭大叫起来。

这个故事充分说明肢体语言在沟通中的重要作用。女孩用肢体语言向父母传递信息，父母通过女孩的肢体语言了解她的需求，感受她的喜怒哀乐，并适时地用实际行动向女孩反馈：我们已经接收到你身体发出的信号了。对于女孩发出的信号，父母理解得越准确、越细致，给女孩的反馈越及时、越到位，那么女孩就越能顺利地学会规矩，少走弯路。因此父母应该通过仔细的观察，读懂女孩的肢体语言。

后来，由于工作原因，父母将麦麦交给奶奶看护。但是奶奶在照顾麦麦时，往往只注重在物质上满足麦麦的需求，忽视了麦麦的精神需求。比如在饮食上，奶奶就把麦麦照顾得非常好。一日三餐，定点吃饭，中间添加辅食和水果，荤素搭配，既营养又可口。但是对于麦麦的情绪变化，奶奶却经常忽视。比如奶奶把玩具小摇铃给麦麦玩儿时，她先是抓在手里好奇地看一看，然后就把小摇铃扔了出去，落在地上"啪"的一声响，麦麦乐得咯咯直笑。奶奶捡回来，她又故意扔掉，再捡回来，她再扔掉。重复几次后，奶奶生气了，拿起摇铃就朝麦麦的手掌心打去，嘴里还不停地数落："不许再调皮，不许再扔东西。"打过几次之后，麦麦果然不敢再扔东西了。

奶奶不懂儿童心理学，她并不知道，麦麦为什么会把摇铃一次次地扔出去。真实的原因是，麦麦没有玩过这个小摇铃，感到好奇。她将小摇铃扔到地上时会发出"啪"的响声，麦麦从来没听过这种响声，觉得很好听。这并不是孩子调皮，而是孩子体验、探究新事物的一种方式。

作为父母，只有读懂女孩的肢体语言，才能明白女孩的想法和需求，才能更好地关爱、管教女孩。作为女孩，只有在父母科学的关爱、管教下，才能身心健康地成长。

一致性沟通：别让女孩左右为难

儿童的身体和心理正处于生长发育期，容易服从权威，缺乏主见。

因此父母在教育女孩的过程中，一定要保持教育目标和教育方法的一致性，让女孩知道什么可以做，什么不可以做。如果父母意见不一致，一个说东，一个说西，人为地制造家庭矛盾不说，还会让女孩思维混乱，左右为难，不知道听谁的好。

夏天第一次见到钢琴就非常喜欢，表示很想学弹钢琴。妈妈告诉她学钢琴很辛苦，夏天执意要学，妈妈拗不过她，就给她花钱报了一个辅导班。经过一段时间的学习，夏天果然体会到了其中的艰辛，于是开始各种偷懒、闹情绪。妈妈很生气。心想，我早就提醒过你，是你自己坚持要学的。自己决定的事情，自己承担后果。所以不管夏天怎么闹情绪，妈妈仍旧对她严格要求，每天的练琴任务必须完成，不允许她半途而废。为了练琴的事儿，母女俩时常发生激烈的冲突。妈妈发怒，女儿哭闹，搞得家里鸡飞狗跳。

爸爸跟妈妈的看法完全不一样，他认为应该实行快乐教育，女儿想学就学，不想学也不能逼着她学。为此，夫妻二人闹得不可开交，每次吵架之后就会冷战很长时间。于是，有趣的一幕出现了：妈妈在家时，夏天就乖乖地去练琴；爸爸在家时，夏天就疯玩儿。

如果父母对孩子的教育目标和教育方法不一致，两人背道而驰，用的力就会相互抵消。即使各自为孩子操碎了心，累得筋疲力尽，收效也不会很大。面对相互矛盾的指令，孩子会无所适从，父母的权威性也会荡然无存。

一、父母意见不一致，容易让孩子钻空子

比如父母一方严格，一方宽松，女孩很快就会摸清其中的门道。面对严格的家长，她就会表现得乖巧、懂事；面对宽松的家长，她就变成了任性、散漫的淘气包。父母如果在教育理念和教育方法上不能保持一致，很有可能让女孩成为见风使舵的"两面派"。另外，父母动不动就因为孩子的教育问题而争吵，女孩会惶恐不安，缺乏安全感，甚至认为

自己是父母吵架的根源所在，从而进行自我否定、自我攻击。

二、父母意见不一致，要私下沟通，不要在孩子面前表现出来

我们说父母要在教育理念、教育方法上保持一致，并不意味着父母不能有分歧和冲突。要求父母每时每刻都步调一致，那是不现实的。父母可以意见不一致，但要私下沟通协商，切忌当着女孩的面大吵大闹。如果经过协商仍未达成一致，也不能在孩子面前表现出来。要以一方的意见为主，经过一段时间的实践来检验教育效果，在实践中摸索、调整。

三、父母要共同学习先进、科学的育儿理念和育儿方法

女孩有自己的成长规律，父母只有共同学习先进、科学的育儿理念和育儿方法，共同进步，才比较容易在女孩的教育问题上达成一致。如果一方非常注重提升自己的家庭教育素养，另一方却没有提升，观念陈旧，故步自封，就很容易在教育孩子的过程中出现鸡同鸭讲的尴尬局面。

比如女孩在某一阶段会突然说出恶魔一般的话语："讨厌你，坏妈妈！""我要打死你！"诸如此类。如果父母都知道这是孩子进入了诅咒敏感期，就会一起想办法淡化、忽略这件事，或者尽可能地转移孩子的注意力；如果父母中一方明白这个规律，另一方完全不懂，后者就会指责前者溺爱孩子，前者则会指责后者无视孩子的成长规律。双方的认知不在同一层次上，就会在教育女孩的过程中互相掣肘。

"二人同心，其利断金"。父母在教育女孩的过程中，要尽量保持教育目标、教育理念、教育方法的一致性。这样二人才能拧成一股绳，同心协力，引导女孩朝着健康的方向发展。

3

第三章 不娇不宠，培养女孩独立自主的能力

引导女孩懂得凡事"预则立，不预则废"

《伊索寓言》里有一则故事，讲的是：冬天的时候，一只蝉快要饿死了，向蚂蚁讨要食物。蚂蚁问："夏天你在忙什么？为什么不存储些过冬的粮食？"蝉说："夏天我正忙着唱歌呢。"蚂蚁笑着答道："如果一整个夏季你都在忙着唱歌，那么冬季就去跳舞吧。"

凡事"预则立，不预则废"。父母要告诉女孩，做任何事之前都要有计划有准备，否则很容易失败。在儿童时期，女孩因为年纪小，缺乏自控能力，所以做事经常没计划、没条理，容易陷入混乱。父母应该引导女孩学会制订周密的计划。凡事有所准备，应对起来就不会手忙脚乱、错漏百出。父母如果能够帮助女孩养成做事有计划的习惯，对女孩的一生都很有裨益。

父母可以引导女孩学会整理自己的房间，衣服放在什么位置、书籍放在什么位置、玩具放在什么位置，要做到心中有数，尽量把房间打扫得干净整洁，把一切摆放得井井有条、易于找到；父母可以引导女孩对一天的时间进行规划，比如几点起床、几点吃饭、几点睡觉，要有规律，对于学习时间、玩耍时间、运动时间等要合理分配，女孩有了时间观念，才能懂得珍惜时间；父母可以引导女孩做财务计划，学习如何管理自己的零用钱，合理安排支出；父母可以引导女孩学会列各种清单，比如家居日用品清单、购物清单、参加重要考试要携带的物品清单等；父母还可以引导女孩制订旅游计划、学习计划、运动计划等。

小米读小学二年级，每天放学回家，她总是把书包直接往床上一扔，就坐在沙发上看电视。父母不提醒，她就不去做作业。等她看完电视、吃完饭、再玩儿一会儿，往往都到晚上9点了。这时小米才打开课本开始做作业，等她做完作业怎么也到深夜了。日复一日，小米的学习成绩每况愈下，还出现了因睡眠不足引起的记忆力衰退、注意力分散等问题。

小米的父母不止一次地批评过她，却没有任何效果。

后来妈妈想了一个办法，规定小米晚上10点之前必须上床睡觉，让小米自己规划好时间。小米经过认真思考，预测自己每天需要两个小时来写作业。她知道如果自己看电视的时间太长的话，要么不能及时完成作业，要么不能按时上床睡觉。因此小米主动提出将写作业的时间提前，每天先做完作业再看电视。

小米的父母通过引导小米合理地规划时间，让小米学会区分事情的轻重缓急，按照"重要且紧急、重要而不紧急、紧急而不重要、既不重要也不紧急"的顺序，来处理学习和生活中的事情。如果小米在以后的人生道路上遇到类似的问题，想必也会知道如何去解决。

需要注意的是，作为父母，可以引导并帮助女孩做计划，但绝对不可以代替她做计划。父母有时候心疼孩子，对于女孩，尤其娇惯，往往大包大揽，替女孩制订好所有的计划，让她照着去做。这样做的结果是，由于女孩没有直接参与计划的制订，所以她对这些计划的兴致并不高，缺乏执行计划的积极性；二是父母制订的计划并不一定是女孩想要的，也不一定适合她，女孩机械地执行这些计划，很容易半途而废。因此，即使女孩在初学的时候计划制订得不是太好，父母也要给女孩一些时间去学习、锻炼和成长，允许女孩犯错误。

父母引导和帮助女孩制订各种计划，应该定期检查和复盘，好的方面继续发扬，失败的教训认真总结，一步一步地升级计划，鼓励女孩做到更好。

引导女孩不做"三分钟热度"女孩

有一幅漫画，画的是一个人挖水井。当他挖到一定深度仍一无所获时，就失去了耐心，于是换了一个地方去挖。后来他又换了很多地方，虽然挖了很多口井，但是都没有挖出水来。

　　其实有好几次，这个挖井人离成功只有一步之遥。只要他再坚持一会儿，再耐心一点儿，很快就会挖出水来，可他偏偏没有耐心，结果功亏一篑，白白地浪费了自己的时间和精力。在生活中，不管是挖井还是做其他事情，都需要有足够的耐心；如果没有耐心，只有"三分钟热度"，最后的结果必然是半途而废、一事无成。

　　耐心是一种优秀的品质，是意志力强大的表现。一个女孩做事是否有板有眼、有始有终，决定了其长大后是平庸还是卓越。因此，父母在女孩小的时候就应该注重培养她的耐心。那么，父母应该怎样培养女孩的耐心呢？

一、父母应该为女孩树立榜样

　　父母如果遇事急躁，做事虎头蛇尾，女孩就会有样学样，做事很难有耐心。

　　比如，妈妈陪女孩一同剪纸，女孩一开始可能坐不住，剪着剪着就跑去干别的事情了。这时候妈妈应该给女孩做个表率，耐心地完成剪纸作品。再比如，父母带女孩购物时遇到需要排长队的情况，或者在路上遇到堵车的情况，不要喋喋不休地抱怨甚至发怒。因为这样做会给女孩造成不好的影响，女孩在以后遇到类似的情况时，也会没有耐心、乱发脾气。父母给女孩做出好的榜样，女孩就知道正确的做法是什么，而不是动不动就抱怨、发脾气、没耐心、虎头蛇尾。

二、父母要注意观察，了解女孩的兴趣爱好

　　女孩在做自己感兴趣的事情时，往往容易沉浸其中，这有利于培养女孩的耐心。比如女孩喜欢画画，当她专心致志地画画的时候，父母尽量不要去打扰她，而是要给女孩留出足够的空间和时间，让她在不知不觉中养成耐心、专注地做事的习惯。父母也可以引导女孩做一些有助于训练耐心的活动，比如做手工、写毛笔字，或者玩拼图、下棋等游戏。

三、父母可以延迟满足女孩的需求

有些父母非常重视女孩的需求，不管自己正在做什么，只要女孩一开口，立马放下手头所有的事情来满足她的需求。这种做法不但会让女孩养成以自我为中心的坏习惯，也不利于培养女孩的耐性。日后如果父母不能及时满足女孩的需求，她就会以大哭大叫、大吵大闹的方式来要挟父母。

关于延迟满足女孩的需求，这里分享一个身体接触的技巧。比如女孩来找父母，有时是想跟父母说说话，有时是请求父母帮忙，有时是想获得关注。如果父母正在跟人谈话或者忙别的事情，可以握住女孩的手，以此来告诉她：我知道你需要帮助，等我忙完手头的事情，我会尽量帮助你。

这样做既可以让女孩学会耐心等待，又不会让她有被忽视的感觉。父母在忙完手头的事情之后，再问女孩有什么需求。通过这样的互动，让女孩相信：耐心等待之后，她的正当需求会得到满足。

古希腊哲学家柏拉图说过，耐心是一切聪明才智的基础。父母帮女孩从小打好这个基础，女孩在未来的人生道路上才能走得稳健、顺畅。

引导女孩学会"断舍离"

我们常说，女孩只有在良好的家庭环境中生活和成长，才会获得成就感和归属感。家的意义，远不止于栖息之地，而且是心灵的港湾。所以，父母有义务为女孩营造一个整洁干净、充满爱意的家。女孩在这样的环境里才会感到舒适、温暖、有安全感。同时，父母可以通过言传身教，引导女孩从小养成整理收纳的好习惯。

这里的整理收纳，不单单是指把物品收拾整齐，更是要让女孩学会如何与"身外之物"相处。表面上看，父母在教女孩如何整理物品，实际上却在向她传递一种生活态度。

亲子整理中，最大的烦恼就是孩子把玩具扔得到处都是，而玩具整理中，有一个"设定界限"的做法值得与父母们分享。具体来说，就是父母给女孩一个小托盘或者在家里用围栏围出一小块地方，在托盘或围栏里，女孩怎么折腾都可以，可是一旦出了这个界限，就一定要收拾得干干净净。这样女孩既可以在混乱中探究未知的事物，又能明白自由是有边界的。

对于年幼的女孩，父母可以采用循序渐进的方法，先试着给她一个抽屉或者一个角落，让她自己收纳、整理，然后再让她学着整理自己的房间。

豆豆5岁的时候，妈妈给了她一个抽屉，专门用来收纳豆豆的小物品。豆豆很喜欢自己的小抽屉，没事就摆弄摆弄。刚开始的时候，豆豆什么都往里面放：外出旅游时从海边带回来的小石头、路上捡的叶子、最爱吃的棒棒糖、幼儿园发的橡皮……到了夏天，由于天气炎热，棒棒糖融化了，抽屉里到处都是融化的糖浆，豆豆从抽屉里拿东西，总是把手弄得脏兮兮的。

一个星期天的下午，妈妈端来一盆清水，和豆豆一起把抽屉好好地清洗了一遍。干枯的叶子全都碎了，索性扔掉；棒棒糖之类的零食用一个小铁盒子装起来；铅笔、橡皮归类后，放到文具盒里面；整理贴画时，妈妈和豆豆发现，竟然已经积攒了二十多张，所以娘儿俩一致决定，暂时不再买贴画……在整理的过程中，豆豆学会了以下几点：一、没用的东西及时丢弃；二、足够多的东西避免重复购买；三、将杂乱、零碎的东西分门别类地收拾好。就这样，在妈妈的引导下，几个月后，豆豆已经能将自己的抽屉收拾得干干净净、井井有条了。

以上故事中的这位妈妈通过和女儿一起动手整理抽屉，让女儿明白了：第一，良好的环境离不开辛勤的劳动，只有经常收拾、整理，才会有一个干净、整洁的家；第二，对杂乱的物品进行分类的过程，实际上是对大脑中混乱的思维进行梳理的过程；第三，学会"断舍离"，人生更轻盈。物是为人服务的，人跟物的关系是以人为中心、以人为主体，而不是人为物所役、人为物所累。

需要注意的是，女孩的想法往往跟大人的想法是不一样的。尽管大人提倡"断舍离"的生活态度，但在整理收纳时，一定要尊重女孩的意见。比如在大人眼中平淡无奇的小石头、坏了一条腿的布娃娃，却可能是让女孩爱不释手的宝贝，因为它们给女孩带来了快乐，跟女孩建立了紧密的情感联系，所以父母千万不要粗暴地扔掉女孩的这些"宝贝"。父母可以预先跟女孩沟通好，比如问她："这些东西可以扔掉吗？你要不要跟你的宝贝合个影留作纪念？"经过女孩同意后，父母才能扔掉这些物品。

在女孩刚开始学习整理、收纳物品时，父母可以给女孩提供一些帮助，比如与女孩一起整理、收纳，慢慢地就可以试着放手，让女孩独自去整理、收纳了。

通过整理、收纳杂乱的物品，女孩的规划能力、决断能力会逐渐得到提升，大脑会变得更灵活，思维更有条理性。同时，如果女孩能从整理物品中学会管理人生，那么她的未来必定值得期待。

引导女孩做事有计划、有条理

许多父母对女孩做事没有条理性感到非常头疼。比如做作业时，想起语文老师的话，翻开语文作业本写两个字；想起数学老师的话，又翻开数学作业本做一道题。

做事缺乏条理性的女孩，分不清事情的轻重缓急，经常是东一锤子西一榔头，抓不住重点，效率自然大打折扣，搞得一片混乱，吃尽苦头。

如果只做一件事情还好，同一时间内做很多事情，女孩的大脑往往就会"死机"。针对这种情况，父母应该给予有效的引导。首先要让女孩根据事情的重要程度一件一件来做，不要像狗熊掰玉米一样，掰一个扔一个；也不要因小失大，捡了芝麻丢了西瓜。其次，要让女孩分析清楚事情的紧急程度，紧急的事情安排在前面；不太紧急的事情放在后面做；有些事情可以穿插在中间做。第三，可以借助一些工具，帮助女孩理清思路，比如计划表和思维导图；我们都知道，人的思维是发散性的、网状的，思维导图可以帮助女孩把放射性思考具体化，有助于培养女孩做事的条理性。

点点上小学三年级，每天早上起床的时候，要么找不到袜子，要么找不到衣服；吃完早饭出了门，十次有九次会跑回来取红领巾或文具；放学回家，一会儿做作业，一会儿看电视，磨蹭到很晚也不能完成作业。

针对这种情况，父母特意在点点的床边放了一把小椅子，专门用来放她第二天要穿的衣服。这样每天早上点点一伸手就能够拿到自己的衣服。同时，父母还帮点点画了一张思维导图，上面清清楚楚地写着每天上学应该带的物品、每天放学后写作业的时间以及什么时候可以玩游戏等。同时，还特意注明做作业排在玩游戏的前面，在玩游戏之前必须先把作业写完。父母要求点点每天上学之前都要根据思维导图，仔细检查需要携带的物品；放学后再根据思维导图上标注的时间规划，先认真地完成作业，再自由活动，比如看电视、玩游戏等。过了一段时间，点点做事不再眉毛胡子一把抓，而是变得越来越有条理了。

先计划后行动，做事有条不紊，才能高效地把事情做好。相反，做事随心所欲，想做就做，不想做就不做，到最后往往会让自己手忙脚乱，把事情搞得一团糟。

培养女孩做事的计划性、条理性，引导女孩养成有条不紊的习惯，事实上可以让女孩的思维变得更加清晰、更为严密。它不仅是一个习惯养成的过程，也是一个训练思维的过程。另外，说话做事有板有眼的女孩，会让人觉得踏实、可靠，更容易赢得他人的信任，更有可能获得成功。

引导女孩克服拖延症

早上赖在被窝里，不到最后一秒绝不起床；寒暑假作业拖拖拉拉，不到最后一刻绝对不做；答应做到的事情，父母三番五次催促，女孩却磨磨蹭蹭，几个星期过去了，还是没有一点进展；事情开始的时候胸有成竹，然后做着做着却打起了退堂鼓……你的孩子有没有出现过这样的情况？如果你的孩子有以上表现，说明他是个拖延症患者。

画家达·芬奇是个重度拖延症患者，《最后的晚餐》前前后后画了三年，《蒙娜丽莎》画了四年，他答应罗马教堂修道士的画像，花了二十五年才完成……为此，达·芬奇本人也苦恼不已。在《拖延心理学》一书中，作者提到，拖延既不是恶习，也不是品行问题，而是由恐惧引起的一种心理综合征。

女孩之所以会有拖延症，主要有两方面的原因。

一是心理方面的，比如恐惧、厌恶、逃避等。针对这种情况，父母需要从自身找一找原因，在教育女孩的过程中是不是过于急躁？是否对女孩期望过高、控制欲太强？如果女孩长期被迫做自己不喜欢的事情，就会产生抗拒心理，既不愿意面对，也不愿意去做。同时，父母还要审视一下，是不是目前给孩子定的目标太高、难度太大？如果让一个3岁的女孩去挑100斤的东西，目标像座大山，女孩的能力又不够，就会给她造成很大的压力，甚至把她压垮。人在面对压力时最本能的反应就是逃避，压力越大就越不想做，结果造成拖延。

产生拖延症的另一个原因是行为原因。这一点女孩和成人不一样，女孩还在成长阶段，没有什么时间观念，所以做事往往没有计划，随心所欲。比如一到寒暑假，女孩把书包一扔就开心地玩儿去了，每当她想起假期作业，总觉得还有大把的时间，过几天再做也不迟；真正到了假期的最后几天，她才发现时间不够了，于是慌慌张张地开始通宵达旦地赶作业。

拖延如果是心理方面的原因，父母就要想办法消除女孩的负面情绪。"爱孩子，就如他所是，而非如你所愿"。女孩是自己命运的主人，父母要学会放手，给女孩自己做决定、自己选择的机会，一味地高压只会让女孩用拖延的方式与父母对抗。拖延如果是行为方面的问题，那么父母需要解决的就是女孩的效率问题，让女孩意识到拖延的危害并积极加以改正。

那么，面对女孩的拖延行为，父母应该采取哪些应对策略呢？

一、父母应该帮助女孩学会时间管理

四象限法则是时间管理理论中的一个重要法则，即把事情分为"重要紧急、重要不紧急、紧急不重要、不重要不紧急"四个象限。父母可以让女孩对此有一个初步的概念，知道什么事情应该先做，什么事情可以后做。

二、父母可以帮助女孩对目标、任务进行分解

目标如果过大，就会像一座大山一样压在女孩身上，压得她喘不过气来，甚至产生恐惧、逃避的心理。父母可以引导女孩将大目标分解为小任务，比如将暑假作业分解成 30 个小任务，每天只需花 60 分钟完成一个小任务即可。这样将目标分解后就不会有压力了，女孩执行起来也会轻松自如，不用拖到最后几天才疯狂地赶作业。

三、当女孩完成任务后，父母别忘了对女孩进行有效的激励

父母对女孩进行精神激励和物质激励，为的是肯定女孩所付出的努力，让女孩明白：她配得上自己的努力，她有享受胜利成果的权利。同时，女孩也会认识到：只要自己早一点完成任务，就可以早一点享受成果。这样的话，女孩就会对任务产生兴趣，其积极性、自觉性就会被调动起来，从而更愿意按时或提前完成任务。

授人以鱼，不如授人以渔

中国有句老话叫"授人以鱼，不如授人以渔"，意思是说，与其传授给人知识，不如传授给人学习知识的方法；另一种解释是，与其给人提供物质上的帮助，不如给人提供某种方法或信念。不管怎么理解，有一点是毋庸置疑的，那就是这句话说起来简单，做起来却并不容易。

父母在养育女孩的过程中，由于过分宠爱，恨不得事事都替她代办。即便女孩已经到了上学的年纪，父母还是不放心。有的父母帮女孩穿衣

服、穿鞋子、整理书包，甚至到学校帮女孩打扫卫生……事实上，并不是女孩做不到、做不好，而是父母担心她做不到、做不好。这样的宠爱对女孩没有任何好处，反而会影响女孩的成长。父母应该学会适时地放手，把爱的方式，从"授之以鱼"变成"授之以渔"。

一、父母应该培养女孩的生活自理能力

女孩娇生惯养，衣来伸手，饭来张口，时间长了就会产生懒惰心理，连穿衣吃饭都不愿意自己做，更别提扫地、擦桌子、擦地板这样的家务事了。其实，做家务的过程也是培养女孩责任心的过程，父母一定要引导女孩树立生活自理的观念，自己的事情自己做，不要一味地去依靠别人。因为在这个世界上，真正能依靠的只有自己。即使是父母，也会老去，也会离开，不可能永远陪伴在女孩身边。

二、父母应该引导女孩学会自主学习

你有没有遇到过这样的情况，刚上小学一年级的小女孩，正好好地做着作业，却突然大喊起来"爸爸，这道题我不会解""妈妈，这个字我不认识"？其实她只要认真地温习温习当天学过的知识，深入地思考一下，大部分题目都能够自己解答。然而由于女孩习惯于依赖父母，觉得只要自己大喊几声，父母就能帮助她解决问题。遇到这种情况，父母可以教女孩学习运用工具书，比如学会查字典，并明确地告诉她，下次再遇到不认识的字，就去查字典；如果遇到不会做的题目，要认真地把课本看一遍，进行一番独立的思考，实在不会做才可以找父母帮忙。每个生命个体只有具备自主学习的能力，才能具备终身学习的能力，从而拥有更大的发展空间。

三、父母应该帮助女孩树立正确的金钱观

父母与其给女孩零花钱或者给她买各种物品，不如教女孩树立正确的金钱观。父母要告诉女孩："君子爱财，取之有道。"父母要教导女孩用正当的方式去赚钱，靠自己的双手去获得财富；要量入为出，合理地

规划每一笔钱……父母只有帮助女孩树立正确的金钱观，她才会懂得如何赚钱、如何花钱，才会合理地支配金钱，过上富足、幸福的生活。

四、父母应该教导女孩自主地解决问题

人非生而知之，而是学而知之。每个人只有经过后天的学习和实践，才能掌握各种知识和技能。父母终将老去，不能陪伴孩子一辈子，所以应尽早地培养女孩自主解决问题的能力。

美美和丽丽在同一所幼儿园上学，每当美美遇到问题时，美美的父母都会出面帮她解决，比如美美不肯好好吃饭，妈妈就会亲自喂她；美美手工做不好，妈妈就会帮她做；美美跟别的小朋友发生了冲突，爸爸就会跟对方的家长理论。

丽丽的父母却恰恰相反。在她很小的时候，父母就开始培养她自主生活的能力。丽丽不仅能够自己吃饭、穿衣，甚至还会帮父母做家务；丽丽与别的小朋友发生冲突后，妈妈的第一反应就是教她如何跟小朋友沟通，如何跟老师沟通。

由于父母的养育方式不同，两个同龄女孩在成长中的表现也截然不同。小学的时候，两个女孩同时参加了某个夏令营。美美手忙脚乱，跟不上大家的节奏，动不动就跟同学发生矛盾，急得哇哇大哭；丽丽不但能够照顾好自己，能够与其他同学融洽地相处，而且还能主动帮助美美。看到两个女孩之间巨大的差距，美美的父母这才意识到问题的严重性，后悔不已。

"父母之爱子女，必为之计深远"。女孩要成长、成熟，就必须在生活中多实践、多磨炼。父母应该有大格局，将眼光放得长远一些，努力教给女孩解决问题的方法和技巧，提升女孩解决问题的能力，而不是只停留在帮助女孩解决眼前的问题上面。问题是解决不完的，只有让女孩具备解决问题的能力，才能让她做到"兵来将挡，水来土掩"。

为女孩提供自由成长的空间

在一个大公司的门口摆放着一口漂亮的鱼缸，鱼缸里养了十几条热带杂交鱼。有一天，董事长的孩子来找爸爸，当他驻足观鱼的时候，一不小心把鱼缸给打碎了。人们四处张望，想找一个地方放置热带鱼。突然看到院子中间的喷泉池，就把鱼放了进去。两个月后，新的鱼缸被抬了回来，当人们从喷泉池中捞起那些漂亮的热带鱼时，惊喜地发现它们已经由三寸来长疯长到了一尺长。喷泉池比鱼缸大得多，所以鱼长大了。

家长对于孩子的教育也是一样的，孩子成长需要自由的空间，人们把这种由于给予孩子更大的空间而给孩子带来更快发展的现象称为"鱼缸法则"。

我国著名的教育学家陶行知先生认为，孩子的成长和发展需要一个宽松、开放、积极的环境，父母需要在热切的期望和等待中迎接孩子的成长。

相比于男性而言，"女性的天空是低的，羽翼是稀薄的，而身边的累赘又是笨重的"，所以父母更应该尽量为女孩提供一个自由发展的空间。

一、自由的空间对女孩的成长、发育非常关键

父母可以在家中分隔出一小块地方，让女孩自由活动，不一定非得是一个房间，只要女孩觉得安全舒适，能做自己想做的事情就行。比如有的女孩很喜欢帐篷，有的则喜欢把自己藏在纸箱子里面，虽然大人觉得那样很憋屈，可是女孩待在里边却非常开心。既然这不是什么过分的要求，那就在保证安全的情况下，让女孩尽情地享受属于她的空间好了。

二、在精神上给予女孩自由的空间

所谓的自由空间，不仅是指物质上的，更多的是指精神上的。父母不要总想掌控女孩，更不要把自己的意志强加给女孩。即使是管教，也要进行正面的管教，而不是强制性的约束。父母要尊重和信任女孩，大

胆放手，给予她更多的探索世界、独立成长的机会。

独生子女政策的实施，导致很多家庭只有一个孩子。于是出现了爸爸妈妈、爷爷奶奶、姥姥姥爷六个大人围着一个孩子转的奇特现象。对于女孩，尤其娇惯。当女孩想自己动手削个苹果时，刚拿起小刀，大人马上就会干涉："快放下快放下，不要伤到你的手，我来给你削。"女孩想出去参加捡垃圾的公益活动，大人会心疼地阻止："天气这么热，出去捡垃圾太辛苦了，万一中暑了怎么办？还是在家吹空调吧。"女孩喜欢跳舞，家长说，跳舞会损伤关节，还是去学绘画吧。家长总想把女孩保护得很好，让她在自己的羽翼下生活。却没想过，总有一天，女孩会长大，不得不独自面对社会中各种各样的危险和压力。有些女孩就是因为不知道危险的存在而轻信于人，导致可怕的后果。所以父母应该让女孩从小就知道世界不是一个温柔地等待她成熟的果园，更不是一个童话世界。父母应尽可能地让女孩参加各种有益的活动，增长见识，丰富阅历，提高辨别能力和应变能力。女孩接触的世界越广阔，眼界就越开阔，各方面的能力就会越出色。

三、给女孩自由成长的空间，并不是说对女孩放任不管

父母应该设定好原则和底线，在大方向、大目标上进行把控。有一个比喻特别形象，说父母平时要像高空巡航机，为女孩提供足够自由的空间，只要保证女孩在大方向上不出差错就行，而一旦发现女孩遇到解决不了的问题时，父母就要降落下来变成排雷器，帮助女孩解决问题。可是在现实生活中却恰恰相反，许多父母恨不得 24 小时守护在女孩身边，不管大事小事，全都一手包办，女孩根本没有独立成长的空间。

父母必须明白一个道理：不管自己多么成功，多么强大，相对于整个世界来说，只是一个很小很小的鱼缸。父母能够给予女孩最好的爱，就是放手，让她去更广阔的世界遨游，学会独立地面对问题，学会自己解决问题，成长为一条更大的"鱼"。鲲鹏展翅，扶摇万里。

4

第四章 帮助女孩改掉坏习惯，让女孩遇见更好的自己

不讲卫生，女孩健康的天敌

许多疾病都是由于不讲卫生造成的，良好的卫生习惯能够帮助女孩减少罹患疾病的风险，也能彰显女孩的素质和教养，所以父母要从小教育女孩养成良好的卫生习惯。

父母应该引导女孩养成哪些良好的卫生习惯呢？

一、父母要引导女孩注意饮食卫生

民以食为天，人每天都要吃饭，父母培养女孩养成良好的饮食卫生习惯，对女孩的成长、发育，以及日后的生活习惯、生活质量都具有深远的影响。良好的饮食卫生习惯包括：饭前洗手，饭后漱口；吃东西前一定要将食物清洗干净；只吃健康的食物，不吃垃圾食品、"三无"食品以及小摊小贩贩卖的劣质食物，等等。

二、父母要引导女孩注意个人卫生

父母要引导女孩讲究个人卫生，比如早上起来刷牙洗脸，定期洗澡、勤换衣服、勤剪指甲，不随地吐痰，不使用别人的筷子、杯子，等等。特别需要注意的是，父母要告诫女孩不要对着他人咳嗽、打喷嚏。咳嗽、打喷嚏原本是一种正常的生理现象，但是如果对着他人或者对着食物咳嗽、打喷嚏，则是一种不讲卫生、不讲礼貌的行为。为了孩子一生的健康和未来的发展，父母应该引导女孩从小养成良好的个人卫生习惯。如果女孩已经养成不好的习惯，父母要竭尽全力帮助她改正。因为只有讲卫生的女孩，才会给人留下整洁、干净的印象，才能拥有良好的人际关系。

三、父母要引导女孩注意环境卫生

这里的"环境卫生"不仅指女孩居住环境的卫生，比如房间要一尘

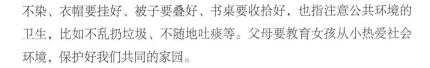

不染、衣帽要挂好、被子要叠好、书桌要收拾好，也指注意公共环境的卫生，比如不乱扔垃圾、不随地吐痰等。父母要教育女孩从小热爱社会环境，保护好我们共同的家园。

父母应该如何引导女孩养成良好的卫生习惯呢？

一、父母要以身作则

身教胜于言传。如果父母自己没有定期整理房间的习惯，家里经常杂乱无章，这边扔一堆零食，那边扔一堆衣服，却要求女孩讲卫生，女孩就很难做到。女孩只有在干净、整洁的家庭环境中，受父母良好行为的影响，才能潜移默化地养成讲卫生的好习惯。父母有责任为女孩树立好的榜样，将女孩培养成讲卫生、有教养的人。

二、父母要严格执行讲卫生的规矩

父母要求女孩讲卫生，不是口头说说而已，而是定了规矩就要坚定地执行。否则，不仅父母的威信会大打折扣，而且很大概率会让女孩养成不讲卫生的坏习惯。在生活中，有些女孩之所以不讲卫生，其中一个重要的原因就是父母对女孩要求不严格。比如女孩放学回来，妈妈已经做好了香喷喷的饭菜，女孩手也不洗就径直坐在餐桌旁大快朵颐，边吃边说："饿死我了，肚子都饿扁了。"这时候妈妈多半会心软，毕竟孩子学习太辛苦、太累了，不想洗手就别洗了，下次注意就行。结果有了第一次就会有第二次、第三次，次数多了，女孩就养成了饭前不洗手的坏习惯。

需要提醒的是，由于女孩特殊的生理结构，父母要引导女孩从小养成每天清洗外阴的习惯。清洗的时候，要用清水清洗，不要用有刺激性的洗浴用品清洗。因为女孩发育尚未成熟，刺激性的洗浴用品很容易造成尿路感染，出现尿频、尿急、尿痛等情况，严重时甚至还会引起腹部疼痛。

虽然讲卫生是一种好习惯，但是千万不要把讲卫生、保持清洁等同于洁癖。有的妈妈每天都要给女孩的餐具煮沸消毒；每天都用消毒液擦拭窗台；女孩在外面玩了泥土，回到家妈妈会不停地用洗手液给她洗手……洁癖不利于女孩在成长过程中形成良好的免疫力。父母让女孩讲卫生是必要的，但不要走极端。凡事皆有度，过犹不及。

千万不可让女孩恃宠而骄

天下的父母，都恨不得把世界上最好的东西给予自己的孩子。父母疼爱女孩无可厚非，因为只有父母给予女孩足够多的爱，女孩才能获得必要的安全感和信任感。

然而，因为疼爱女孩，父母往往把对女孩的宠爱变成了溺爱。在现实生活中，集万千宠爱于一身的女孩会通过示弱、撒娇等方式达到心理预期的目的。适度撒娇的女孩蛮可爱的，但是父母要知道，如果宠爱过度，无节制的爱会让女孩变得目中无人、目无规矩、恃宠而骄。

两岁多的小爱是家里的小公主，衣服装满衣柜、玩具堆成山，想吃什么，想玩什么，爷爷奶奶会想尽一切办法给她买。全家人几乎都围着她转。小爱虽然年幼，但已经感觉到自己在家里的重要性和特殊性。她平时嘟个嘴，奶声奶气地撒个娇，都会让大人非常开心，甚至笑得合不拢嘴。

有一次，吃饭的时候，任性的小爱突然想吃巧克力，爸爸妈妈不同意。说："小爱正是长身体的时候，要好好吃饭，少吃零食。"小爱起初还撒娇，后来见撒娇没用就使劲地哭，最后竟然哭得晕了过去。这下可把父母给吓坏了，幸好有惊无险，等她醒来之后，连忙把巧克力给了她。小爱见这一招很管用，以后一遇到心愿没有达成的情况就使劲地哭，哭得父母非常头疼，简直束手无策。

父母就算宠爱女孩，也不能无条件地满足她的要求，要有明确的原则和底线。恃宠而骄，对女孩的成长没有任何好处。父母过度宠爱女孩，会给女孩带来很多负面影响。

一、恃宠而骄的女孩，缺少敬畏之心

恃宠而骄的女孩，往往表现得非常强势，说话、做事根本不考虑后果。在她看来，不管她说什么、做什么，父母最后都会替她兜底，她无须承担什么后果。时间久了，她就会越来越张狂，甚至张狂到不知天高地厚，恣意妄为。女孩在家里乱发脾气，家人会容忍、退让，一旦走出家门，进入学校或社会，就没有人宠着她让着她了。如果她还摆出一副在家里时的做派，做事一意孤行、随心所欲的话，就有可能被人狠狠地教训，也有可能误入歧途，造成无法挽回的后果，酿成弥天大祸。

二、恃宠而骄的女孩，缺少感恩之心

父母过度宠爱女孩，会让女孩觉得，她想要的都能得到，她得到什么都是理所应当的。因为一切得来的太容易了，只要她提出要求，父母就会不遗余力地满足。她不会懂得父母的付出多么不容易，不会懂得感恩；她习惯了这种有求必应的公主待遇，一旦父母满足不了她的需求，她就会怨恨、吵闹，不达目的绝不罢休。

三、女孩恃宠而骄，父母应该深刻反思

人们常说，孩子的错都是大人的错，这话不无道理。女孩恃宠而骄，跟父母过度宠爱有关。平时女孩犯了错，父母不及时批评和纠正，不管女孩说什么、做什么，父母只是一味地纵容。时间久了，女孩自然就变得飞扬跋扈、不明事理了。出现这样的情况，父母需要深刻反思：过度地纵容与宠爱女孩，是在爱她，还是害她？

在养育女孩的过程中，父母应该保持一颗平常心，爱她但不要骄纵她。不要女孩喜欢什么，就不顾一切地买、买、买，女孩一哭闹一撒娇就马上去哄。正确的做法是，女孩做得好的要表扬，做错了的要批评；不要因为自己工作忙，没时间陪伴女孩，就用金钱去弥补；女孩犯了错，不要舍不得惩罚。

父母宠爱女儿可以理解，但是毫无原则地宠爱就是不负责任；女孩偶尔撒个娇还是蛮可爱的，但是恃宠而骄就会令人讨厌。父母应该承担

起自己应尽的职责，用理性、科学的爱，引导女孩健康成长。

教女孩学会收敛"犟脾气"

叶子跟叶子不同，人跟人各异。每个女孩都有自己的性格，有的性格温和，有的性格倔强。我的一个同事经常生气地抱怨："你不知道，我那个女儿太犟了！跟她说什么，她也不听。简直是不撞南墙不回头。撞了南墙，把墙拆了继续走。"我劝慰道："女孩过分倔强固然不好，固执己见的人，容易困在自己的想法里面出不来；但是往好的方面看，说明她性格坚毅、有主见。只要正确引导，定是可造之才。"

有时候，父母说女孩犟，并不是女孩真的犟，而是父母让女孩做父母认为正确的事情时，女孩表现得极不情愿。出现这种情况，父母首先应该考虑女孩的抗拒有没有道理。如果有道理，就及时地调整自己的观点和态度；如果没有道理，就好好地跟女孩谈谈，通过有效的沟通，让女孩理解父母的想法、认同父母的想法。父母不要用高压的方式管教女孩，而要用尊重、平等的语气与她对话，唯有如此，女孩才能充分感受到父母的爱，双方才能心平气和地沟通。

当女孩真的很犟时，父母应该反思一下自己是否存在同样的问题。

家长会上，一个女孩的妈妈向班主任请教："老师，我的孩子太爱较真儿了，太犟了。面对这样的孩子，我简直束手无策。"班主任平静地问道："你平时教育孩子时较真儿吗？"这位妈妈想了想，不好意思地承认自己在教育孩子的时候确实挺较真儿的。她没想到，女儿竟然潜移默化地受到了自己的影响。

孩子是父母的一面镜子，父母是孩子的第一任老师，父母与女孩朝夕相处，女孩会模仿父母的行为，所以遇到问题时，父母首先要从自己身上找一找原因，看看自己有没有给予女孩错误的引导。除了父母之外，女孩的其他监护人也应该注意这个问题。

奶奶带着孙女乘坐公交车，奶奶坐在公交车后面，太阳晒不到，比较凉爽；女孩坐在前面，暴露在太阳底下，比较热。公交车开动后，奶奶让女孩坐到后面来，叫了几次，女孩像是没听到似的，坐在原处没有挪动。奶奶不停地喊她，女孩就是不动。

汽车开过三四站之后，奶奶开始发脾气，在车上大骂女孩。女孩抱着书包，坐在原先的座位上一动不动，对奶奶的责骂充耳不闻。奶奶越骂越激动，不仅骂得很难听，声音也越来越高，甚至想走过去打女孩，最后，在公交车司机和其他乘客的劝说下才冷静下来。

公交车上的这一幕，让人唏嘘不已。奶奶是一片好心，不想让孙女被太阳晒着，但是管教的方法不对。女孩坐在那个位置，可能并不觉得晒，也可能刚好可以看看车窗外的风景，奶奶应该尊重女孩的选择，而不是以自己的想法为标准来要求女孩，一味地想把自己的想法强加给她。这种情况，与其说女孩犟，不如说家长更犟。

良好的个性胜过卓越的才智。父母都希望自己的孩子能有个好性格。尤其是家有女孩的父母，更希望女儿通情达理，善于变通，善于倾听别人的忠告，以使她少走弯路少吃亏。但是，"叹人生，不如意事，十常八九"。如果女孩真的犟得像一头牛，首先，父母不要火冒三丈，而是应该冷静下来，控制好情绪，平和地与女孩沟通，认真地倾听女孩的意见，了解女孩真正的想法和需求，满足她的正当需求。其次，不要强制女孩顺从，那样只会激发女孩的逆反心理；要想尽一切办法，让女孩自觉自愿地接受父母的意见和建议。第三，父母不要有太强的掌控欲，而应该适当地放手，信任女孩，给女孩一定的自主权，把亲子关系从相互"对抗"变为相互"接纳"。第四，父母可以通过积极的引导，让女孩把心里的想法大声地说出来。说得对的，父母要尊重；说得不对的，父母要引导，千万不要唠叨、说教、打骂。

总之，父母只有采取正确的干预方式，才能解锁女孩的性格密码，提升女孩的认知能力，让她学会多角度地看问题，让她明白：死犟到底不能解决问题，只会带来更多的问题。很多时候，合作比对抗更有效。当然，无论是父母还是女孩，该坚持的一定要坚持，但是可以采取更机智、更有效的方式坚持。

引导女孩克服惰性，不做"小树懒"

世上的人形形色色，千差万别，有的人从小就勤快、爱干活，有的人从小就懒惰、不爱劳动。面对懒惰的孩子，家长常常束手无策。

天天是家里的独生女，平时不爱读书，做作业磨磨蹭蹭，很少整理自己的房间，也不帮大人做家务，一到干活儿的时候就想办法逃避。父母想过很多办法调教她，好言相劝过，高声责骂过，但都没有什么作用，为此苦恼不已。

生活中类似的情况并不少见。我经常听一些父母抱怨说："我那个宝贝女儿，平时看着挺机灵的，可就是太懒，所以成绩一直上不去；如果肯用点功，早就考上好学校了。"

奥地利心理学家阿尔弗雷德·阿德勒说过，最严厉的惩罚也不能使一个懒惰的孩子变得勤奋。其实，懒惰并不像表面上看起来那么简单。阿德勒发现了一个人懒惰的深层原因。懒惰的孩子不用努力，不用承担别人对他的期望，即使什么也没干成，仍然可以打着懒惰的幌子，继续自欺欺人地混日子。

另外，懒惰还可能是女孩获得父母更多关注的手段之一。就像某些孩子为了获得父母的关注会做出一些令人匪夷所思的傻事一样，有些女孩也渴望通过懒惰来获得父母的关注。她们认为，怪异的举止才能引起父母的注意。

归根结底，懒惰是一种隐性的策略，女孩真正想掩饰的是内心极度的不自信。如果父母找不到女孩懒惰的真正原因，无论怎么责罚她也是没有用的。阿德勒说，懒惰就像一层隔板，隐藏着孩子自卑的真相。女孩缺乏自信的根源，多半是父母的过度溺爱和大包大揽。父母的过度溺爱和大包大揽，不仅会让女孩产生依赖心理，而且剥夺了女孩"学习—犯错—成长"的机会。当女孩真正遇到事情时，这也不会做、那也不会做，严重打击女孩的自信心。为了掩饰自己的无能和恐慌，女孩往往会以懒惰为借口进行逃避。

父母可以通过以下方法，帮助女孩克服惰性。

一、适时放手，不再大包大揽

有的父母过于溺爱女孩，几乎什么事情都不让女孩做，久而久之，女孩就养成了好吃懒做的习惯。为了帮助女孩克服这个坏习惯，父母应该让女孩做一些力所能及的事情。在这个过程中，女孩自然会收获快乐、收获自信、收获满满的成就感。

对于年幼的女孩，父母可以通过讲故事的方式加以引导，比如给她讲《三只小猪》的故事，让女孩充分认识到勤劳和懒惰会导致截然不同的结果——"勤劳勤劳，衣暖食饱；懒惰懒惰，日子难过"。对于年龄稍大一点的女孩，父母可以帮助她制订具体的计划和目标，比如每天读半小时书，一开始的时候可以是 10 分钟、15 分钟，然后慢慢增加时长。

另外，父母还可以通过让女孩做家务来增强她的责任感和自信心，不要小看洗碗、扫地、擦桌子之类的小事，它其实对女孩是一个很好的锻炼。

二、及时指出女孩真正的问题所在

不要再说什么"你并不笨，只是太懒了。你要是不那么懒的话，你也能考 100 分"。这样的假设除了能让女孩面子上好看点儿、心里好受点儿，毫无意义。不笨吗？不知道努力就是笨。太懒了，为什么懒？有什么资格懒？父母不应该帮女孩遮羞，不能用虚幻的假设来安慰她，而应该直截了当地指出女孩的问题所在——不自信，不敢面对真实的自己。

虽然承认女孩即使不懒惰也未必能考 100 分，的确有点让人难以接受，但是父母确实不能任由女孩自欺欺人、浑浑噩噩地度日了。总有一天，所有的借口都会被击碎，真正的原因会暴露在人们面前。到那个时候，女孩就没有办法再拿懒惰当借口了。既然早晚都得面对真正的问题，不如早一点让女孩去面对。

三、多鼓励和表扬女孩

父母的表扬和鼓励，能带给女孩一种积极的心理暗示，让她觉得自己很棒，能够克服困难、抵达目标。当女孩完成一个小任务或小目标时，父母发自内心的表扬能增强女孩的信心，使她有勇气和力量继续前行，迎难而上。

总之，父母要帮助女孩移开懒惰这个障眼物，鼓励女孩摆脱懒惰这一假象的迷惑，踏实、勇敢地去拼搏。即使一次又一次地失败，也比半死不活地躲在懒惰这张安全网下面好。相信经过一次又一次的磨砺，女孩定会百炼成钢，变得自信、强大。

谨防粗枝大叶，做细心的女孩

粗心的女孩在生活中总是出糗：出门忘了带钥匙、考试忘了带准考证、下车把手机和包落在车上、写字缺少笔画、考试涂错答题卡，等等。本来可以做到的事，因为粗心而搞得一团糟。

父母要让女孩明白：粗心的危害很大，教训惨痛。

1930 年 4 月，冯玉祥与阎锡山结成反蒋联盟，发动了讨伐蒋介石的中原大战。根据作战计划，阎锡山与冯玉祥各派出一支精锐部队，在河南沁阳会师，共同歼灭驻扎在河南的蒋介石的军队。但是，因为冯玉祥的作战参谋一时疏忽，误将"沁阳"写成了"泌阳"，结果冯玉祥的部队昼夜兼程抵达泌阳时，却陷入了蒋介石军队的包围中。若非撤退及时，

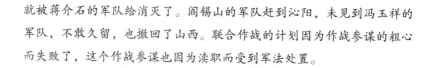

就被蒋介石的军队给消灭了。阎锡山的军队赶到沁阳，未见到冯玉祥的军队，不敢久留，也撤回了山西。联合作战的计划因为作战参谋的粗心而失败了，这个作战参谋也因为渎职而受到军法处置。

粗心会导致极为严重的后果，父母一旦发现女孩有粗心的毛病，一定要高度重视，及早帮她改正。

哪些女孩容易粗心呢？一是好动、爱走神、注意力不集中、专注度差的女孩；二是做事没有计划、没有条理，想到一出是一出的女孩；三是性格急躁、容易生气发火、脾气大的女孩；四是心理素质差，关键时刻容易紧张和恐惧的女孩。

父母如果发现女孩有粗心的毛病，应该怎么做呢？

一、对于生活上粗枝大叶的毛病，可以通过提醒加以改正

如果女孩在生活上粗枝大叶、丢三落四，父母要观察一下女孩的态度和习惯，首先要求女孩在态度上重视粗心的问题，明白粗心可能导致严重的后果。比如，由于不小心将私密的照片、聊天记录等个人信息上传到网上，导致身败名裂的事情屡有发生。这样的后果，恐怕不是女孩能够承担得起的。父母要教导女孩，对于生活中的事情，不管大事小事都要认真对待。做某件事情时要全神贯注，不要三心二意。如果女孩常常丢三落四，出门时不是忘了戴围巾就是忘了戴帽子，那么父母可以打印一张出门清单贴在门口，要求女孩每天出门前，先对照清单自我检查一遍。对于其他的生活琐事，也可以通过列清单或在手机上设置提醒功能等方法加以改正。需要说明的是，这种粗心往往跟女孩的性格有关，父母在帮助女孩改正时，千万不可操之过急。

二、对于学习上粗心大意的毛病，可以通过训练加以改正

如果女孩在学习上有粗心的毛病，父母应该区分一下是"真"粗心还是"假"粗心。

举个例子，女孩考试不看题目，明明是多项选择题，却按单项选择题来答，明明让选"表述不正确的"，她却选了"表述正确的"，这属于"真"粗心；如果女孩在解答数学题时，点错小数点的位置、把负数写成了正数、能通分的没有通分，这是"假"粗心，真正的原因是女孩对基础知识掌握得不到位，熟练度不够，准确率不高，不可与粗心混为一谈。

文文每次语文考试都得不了100分，托管班的老师告诉文文的妈妈，文文太粗心了。于是妈妈给文文买了一本错题本，专门用来抄写试卷上的错题，然后针对错题进行分析，看看到底是真的粗心还是基础知识掌握得不够准确、牢固。

某次期中考试，文文的语文成绩是92分，妈妈和文文经过对试卷进行分析，发现其中有3分是因为粗心大意没有看清题目而丢掉的，还有5分是文文没有背熟课文，并不是粗心的问题。从此，妈妈每天都会抽出一点时间，与文文一起背诵老师要求背诵的课文，不仅对重点词句进行勾画，还要求文文进行默写。经过刻苦的训练，文文终于在期末考试中语文考了100分。

父母帮助女孩解决粗心的问题，首先要搞清楚女孩的粗心属于哪一种，是"真"粗心还是"假"粗心，然后才能对症下药。如果是态度问题，父母要跟女孩多沟通，培养女孩的责任心；如果是习惯问题，父母要帮助女孩找到好的方法，比如把题目中的重点词语勾画出来，答完题后要仔细地进行检查等；如果是熟练度、准确度的问题，父母要引导女孩巩固已经学过的知识点，要通过做题、抠细节、深入思考等方法提高熟练度、准确度。总之，家长不要眉毛胡子一把抓，一顶粗心的大帽子扣下来，却不知道真正的问题所在。

引导女孩做一个爱运动的"健康宝贝"

在信息爆炸的时代，人们每天都会接收到大量的信息，让人迷恋的新事物层出不穷，线上线下的娱乐活动也越来越多，眼看快到睡觉时间了，却还有未散场的聚会、精彩纷呈的演出、欲罢不能的游戏，而父母晚归、晚睡必然会影响女孩的作息时间和睡眠习惯。

还有一些父母，为了给女孩创造更好的物质生活，加班加点地努力工作，每天工作到很晚才回家。女孩为了等待晚归的父母，也很晚才上床睡觉。这些父母也许忽略了一个问题，那就是女孩正处于生长发育阶段，如果睡眠时间得不到保障，会对她的身高、智力、体质等产生不良影响。

所以，父母一定要保证女孩有充足的睡眠，帮助女孩养成早睡早起的好习惯，以使女孩身心健康地茁壮成长。除了保证女孩有充足的睡眠，父母还要培养女孩热爱运动、坚持锻炼的好习惯。宾夕法尼亚大学的安吉拉·达克沃斯教授经过长期研究，发现热爱运动的人具有健全的人格，主要表现为：一是善于控制情绪；二是不抱怨现状，不畏惧失败；三是目标清晰、专注度高、责任心强。

其实运动的好处远不止这些，运动可以使女孩体魄强健，增强其各器官的功能；运动可以增强女孩的肌肉力量，使其四肢柔软，动作灵敏；运动可以加快血液循环，促进心肺功能；运动还能加快新陈代谢，预防感冒、肥胖等疾病的发生。

很多家长由于各种原因，把女孩关在家里，风吹不着雨淋不着，孩子却经常生病；把孩子带到户外多参加运动，身体反而一天比一天好。

朵朵小时候体弱多病，动不动就感冒、发烧，三天两头往医院跑，父母为此非常焦虑。后来听取了一位体育老师的建议，每个周末，父母取消了为朵朵报的各种辅导班，带着她去爬山。一家人带上食物和水，早晨出发，顺着上山的小路，边爬山边观赏美丽的风景，一会儿看看蓝天白云，一会儿看看花草树木，一直游玩到下午再下山，在大自然中度过愉快而充实的一天。

坚持了一段时间之后，父母欣喜地发现，朵朵的胃口变好了，饭量增大了，睡眠质量提高了，也不怎么感冒了。在身体变好的同时，朵朵的性格也发生了变化，不再像以前那样娇气、爱哭鼻子，而是变得坚强、开朗了，能与小朋友玩儿到一块了，整个人变得活泼、大方。

女孩从小养成热爱运动的好习惯，会让她终身受益。只注重学习成绩、不注重体育锻炼的认识是片面和错误的。父母要帮助女孩全面发展，让她懂得"有健康才有未来"。

在引导女孩坚持体育锻炼的过程中，父母需要注意以下几点。

一、父母要帮助女孩选择适合她参加的运动项目

父母要根据女孩的年龄和身体条件，挑选适合她参加的运动项目。1~3岁的女孩可以选择爬、走、跑步、跳跃、攀登等运动项目，3~5岁的女孩可以选择自行车、轮滑等运动项目，5~7岁的女孩可以选择舞蹈、游泳、滑冰、跳绳等运动项目。

二、在运动过程中，父母要保证女孩的安全

由于女孩的身体机能发育还不完善，因此父母在给女孩选择运动项目时，一定要考虑女孩的年龄、身体素质、心理素质等因素，并且在运动的过程中要把握好度，不要过度锻炼。无论选择哪项运动，安全永远是第一位的。

三、父母要帮助女孩做好运动后的护理工作

女孩运动之后，身体会大量出汗，如果不及时添加衣服就容易着凉，运动时可以少穿一点衣服，运动完要及时把汗水擦干，减少感冒的风险。另外，运动结束后要注意补水，父母还可以适当地给女孩补充一点糖分，帮助女孩恢复体能。

引导女孩勤俭节约，不铺张浪费

现在的生活条件好了，父母可以不费踌躇地带着孩子下馆子、出国

旅游，家里不愁吃不愁穿，玩具堆成山……这个时候，父母还有必要跟孩子讲勤俭节约吗？是的，很有必要。勤俭节约是中华民族的传统美德，它包含两层意思，一是工作勤劳，二是生活节俭。所谓的节俭，就是不做无谓的浪费。"天下之事，常成于勤俭而败于奢靡"。父母教导女孩勤俭节约，为的是防止她因奢靡而一败涂地，与物质条件好不好没有关系。家境贫寒，要勤俭节约；家境富裕，同样要勤俭节约。

父母应该给女孩讲清楚什么是勤俭节约、为什么要勤俭节约。如果只是笼统地跟女孩说"别乱花钱""钱省着点花"，女孩未必能够明白父母的一番苦心。比如全家去超市购物，女孩花两元钱买了一张贴画，父母训斥道："又乱花钱。"这时候，女孩就感到十分委屈。她想不明白，为什么父母可以花几百元，自己只花了两元钱就被斥责。面对女孩的困惑，父母应该做出解释。比如可以明确地告诉她家里已经有几十张贴画了，虽然只需花费两元钱，买了却是浪费，而父母购买的几百元的商品却是生活必需品。

父母要告诉女孩，之所以要求她勤俭节约，从小的方面来说，父母辛勤工作为她创造了良好的物质条件，她应该珍惜父母的劳动成果；从大的方面来说，地球上的很多资源都是有限的，不可再生，用一点少一点，女孩应该爱护宝贵的资源，保护人类共同的家园。

父母还要让女孩懂得，勤俭节约不只是一句口号，更应该付诸行动。

一、父母要教导女孩从身边的小事做起

父母若想让女孩养成勤俭节约的好习惯，就要让她从生活中的小事做起，从节约每一度电、每一滴水、每一分钱、每一粒粮食做起。俗话说"由俭入奢易，由奢入俭难"，如果女孩从小大手大脚，长大后想改掉这个毛病就比较难了。

在某小学一年级的家长会上，班主任提到一件事，她说，每个星期她都会从班级的公共活动角捡到十几支铅笔、十几块橡皮，还有很多三角尺以及其他学习用品。很多学生丢失文具后不去寻找，而是让父母给

他买新的，可是买了没几天又丢了，孩子却若无其事，一点儿也不心疼。老师希望家长能够配合学校，对学生进行教育和引导，至少在两周内不要给孩子买新文具。经过老师和家长的共同努力，终于杜绝了随意浪费的情况。

培养女孩勤俭节约的习惯，除了要求她从生活中的小事做起之外，还要引导她从小做起。父母千万不要认为孩子还小，浪费点儿没啥，等她长大了就好了；也不要认为浪费的东西不值几个钱，无所谓，只要不浪费贵重的物品就行。殊不知，坏习惯一旦养成，很难改变。

二、父母要引导女孩合理地使用零花钱

在零花钱这件事上，有些父母的态度是孩子要多少，就给多少。这些父母认为人生只有一个童年，自己的童年是贫瘠的、苦涩的，绝不让孩子的童年也饱尝艰辛。

还有一些父母平时忙于工作，没有太多的时间和精力陪伴孩子，出于愧疚和补偿心理，在花钱方面对孩子从不限制。结果不仅使孩子养成挥霍无度的坏习惯，而且助长了孩子的叛逆心理，亲子关系也越来越疏离。

曾经有个富豪，一时高兴，给了女儿5万元人民币，让她随便花。这个正在上小学的女孩有了钱，作业也不做了，值日也不做了，全部花钱雇同学完成。原本女孩的学习成绩很好，在学校的表现也不错，自从有了钱以后，开始贪图享受，再也不肯吃苦了，学习成绩一落千丈。

我在网上看到一则报道，说一个90后女孩欠了几十万元的网贷，母亲为她偿还了23.8万元后，她仍不悔改，继续偷偷地借贷，最后没有办法，母亲把女儿赶出了家门。从女孩的消费记录来看，她花钱大手大脚，没有规划，毫无节制。每个月只有四五千元的工资，但是消费账单却能上万。平时一出门就打车，看到漂亮的首饰、服装就买、买、买，一到节假日就打着"飞的"去旅游。很显然，单凭女孩的收入很难支撑这样的高消费，但她根本不懂得节约，还是任意挥霍，最后让自己的生活陷入困顿。

无论家庭经济条件如何，父母一旦发现女孩有花钱大手大脚的苗头，必须及时制止。除了在思想上对女孩加强教育之外，还要适当地减少其零用钱的额度。父母要经常向女孩询问零花钱的去向，教导女孩合理支配零用钱，避免冲动型消费，让女孩明白什么钱该花，什么钱不该花。

三、父母要让女孩体会赚钱的辛苦

父母可以通过引导女孩参加一些社会实践活动或者做家务，让女孩体会劳动的辛苦，从而理解"一粥一饭，当思来之不易；一丝一缕，恒念物力维艰"的古训。许多美好的东西都不会自己从天上掉下来，而是人们用汗水和心血创造出来的，随意浪费就是不珍惜人们的劳动成果。当然，女孩做家务时，父母可以给她一点钱，其目的不是让女孩自己挣钱，而是激励女孩多做家务，让她通过亲身体验，获得深刻的认识，体会挣钱的辛苦，从而养成节约开支、不随便浪费的好习惯，同时懂得感恩父母、体贴父母。

虽然教导女孩勤俭节约很有必要，但是需要注意的是，父母不要在女孩面前哭穷。节俭不等于吝啬，该买的东西要买，该花的钱要花。千万不要矫枉过正，影响女孩正常的消费。如果父母对女孩过分吝啬，很可能会让女孩养成缺乏自信、过于谨慎的性格，甚至觉得自己配不上那些好东西，长大后也容易被金钱和物质所诱惑。所以在女孩性格尚未成熟的阶段，父母更要给予她正确的引导和帮助。

看电视、玩电子产品要有节制，注意保护女孩的视力

在生活中，我们经常会看到这样的情景：小女孩到处乱跑，不肯好好吃饭，但是只要打开电视、手机或iPad，她就会乖乖地坐下来，任由家长往嘴里喂饭；小女孩又哭又闹不听话，家长只要打开电视、手机或

iPad，她就会被有趣的动画片吸引，立即忘记了不愉快的事情；家长有事要忙，孩子却非常黏人，缠着要父母抱，这时候只要打开电视、手机或 iPad，孩子立马就会安静下来……

在很多家庭，电视、手机、iPad 成为父母对付孩子的法宝。表面上看，电视、手机、iPad 解了燃眉之急，但从长远来看，对孩子的危害却是很大的。

英国教育家马丁洛森说："如果你能让孩子在 12 岁之前不看电视，他们终身都将获益。"

美国儿科学会建议，两岁以前的孩子尽量不要看电视和接触电子产品，因为这些东西对他们有百害而无一利；超过两岁的孩子每天看电子产品的时间不要超过两个小时。英国更是有专家向国会提交过报告，建议政府制定法律，禁止家长让年龄低于三岁的儿童看电视。

人在看电视的时候，大脑不必进行深入的思考，只需要悠闲地坐在沙发上，被动地接收那些信息就可以了。处于智力发展期的女孩，如果长期看电视、玩电子产品，就会养成不爱动脑筋的习惯。

科学家曾经做过一个实验，把爱看电视和爱阅读的孩子分成两组，一组孩子阅读《白雪公主》的绘本，一组孩子观看《白雪公主》的动画片。等两组孩子读完故事、看完动画片之后，分别让他们画出心目中的白雪公主的形象。结果阅读组的孩子画的白雪公主不管是衣服、神态还是相貌，都各不相同；电视组的孩子画出来的白雪公主则大同小异，因为他们看过动画片，动画片里的白雪公主就是这样的，这个形象已经牢牢地扎根于他们的脑海之中，很显然，电视束缚了他们的想象力。

看电视、玩电子产品还有一个很大的危害，就是对孩子的视力会产生不良影响。现在儿童罹患近视的年龄越来越小，三四岁配眼镜的大有人在。问他们的父母为什么会这样，他们的父母诚实地答道，看电视、看 iPad 的时间太长了。诚然，电子产品是导致孩子近视的原因之一，但是还有一个原因也不可忽视。

1960 年，美国哈佛大学医学院神经生理学家戴维休·贝尔教授做过一个著名的盲猫实验，在小猫出生后 4 天内的关键期缝合猫眼，一周后再拆开，发现小猫全部失明。孩子在生长的关键期，如果长期待在昏暗的屋子里，缺少户外运动和阳光照射，视力就会下降。

《自然》杂志曾经刊登过一篇文章，就世界范围内近视的大流行进行了分析。文章特别提出包括中国在内的一些东南亚国家的情况尤其糟糕。作者通过分析认为，导致目前近视爆发的根本原因是孩子们很少参加户外运动。户外运动是孩子近视的克星，父母应该增加孩子的户外活动时间，一方面能够使孩子的身体得到锻炼，另一方面也能降低孩子罹患近视的概率。

由此可见，父母必须减少女孩宅在家里看电视、玩电子产品的时间，多带她参加户外活动，这样才能有效地帮助女孩预防近视。

父母若想保护女孩的视力，不妨试试以下方法。

一、培养女孩其他的兴趣、爱好

为了让女孩少玩电子产品，父母可以培养女孩爱读书的习惯。一个从小喜欢阅读的女孩，能在书本中看到更广阔的世界，发现许多有意思的事情，而且女孩的注意力、想象力、语言表达能力也会很好地得到提升。当然，看书时要保证光线充足，姿势正确，而且每次看书的时间不宜过长，要让眼睛得到充分的休息。

二、多陪女孩玩耍，转移她的注意力

有专家指出，许多孩子沉迷于电视和电子产品，往往是因为在现实生活中没有人陪他一起玩耍，孩子不得不到电视、游戏中寻找情感寄托。要想让女孩养成良好的用眼习惯，父母就要舍得花时间和精力陪伴孩子，不要以忙碌为借口，错过孩子的成长。

三、严格限制女孩看电视、玩电子产品的时间

女孩每天看电视、玩电子产品的时间不能超过 1 小时，而且每看半个小时，要让女孩休息一会儿，以保护其视力。

四、女孩看电视、玩电子产品时不能离屏幕太近

女孩在看电视、玩电子产品时，由于被精彩的情节所吸引，往往不知不觉就会离屏幕越来越近，有时甚至就站在电视机前看，这样会对眼睛造成巨大的伤害。父母应该根据电视机屏幕的大小，让女孩跟电视之间保持科学、合理的距离。

总之，要让女孩改掉依赖电子产品的坏习惯，家长的态度必须坚定。当然，也得注意管教方法，变单向的"命令"为双向的"约定"，效果会更好。毕竟，孩子都喜欢"做主"，不喜欢"服从"。

5

第五章 唤醒女孩内心的自觉

"我的爱好我做主"

一个人如果没有兴趣、爱好，生活就会变得枯燥无味。画家摩西奶奶说，投身于自己真正喜爱的事情时的专注力与成就感，足以润色柴米油盐酱醋茶这些日常琐事带来的厌倦与枯燥，足以让你在家庭生活中不过分依赖，保留属于自己的一片小天地。因此，父母在女孩小的时候，就应该有意识地培养她的兴趣、爱好，这对女孩的一生都大有裨益。

一、培养女孩的兴趣、爱好，有利于其健全人格的形成

我们常说，兴趣是最好的老师。一个人不能没有兴趣、爱好，健康的兴趣、爱好能给女孩的成长带来诸多好处。著名数学家、哈佛大学终身教授丘成桐在一次演讲中提到："柏拉图于《理想国》中以体育和音乐为教育之基，体能的训练让我们能够集中精力，音乐和美术则能陶冶性情，古代希腊人和儒家教育都注重这两方面的训练，它们对学问和人格训练较为重要。"当然，兴趣、爱好不限于体育、音乐、美术，它包罗万象。父母千万不要忽视兴趣、爱好对女孩的影响。

二、兴趣、爱好能让女孩更热爱生活

当一个人沉浸在自己的兴趣、爱好中时，往往能够获得强大的动力、极大的满足感，甚至能够达到物我两忘的境界，这是金钱和物质不能给予的。父母终将老去，不能陪伴女孩一辈子，但是兴趣、爱好可以陪伴女孩一辈子。如果女孩有一两个兴趣、爱好，那么在她遇到困难和挫折时，在她感到孤独和悲伤时，就可以通过兴趣、爱好获得心灵上的慰藉，激发出热气腾腾地活着的勇气。

三、在培养女孩兴趣、爱好的过程中，父母要尊重女孩的意见

明明女孩喜欢跳舞，父母却偏要她去学画画；明明女孩喜欢学文科，

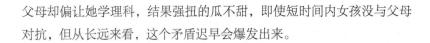

父母却偏让她学理科，结果强扭的瓜不甜，即使短时间内女孩没与父母对抗，但从长远来看，这个矛盾迟早会爆发出来。

某位儿科专家曾经接诊过一个 5 岁的小女孩，父母逼着她学弹钢琴，每天如果弹不够两小时，便会遭到父母的呵斥或打骂。女孩长期处于暴力管教之下，内心越来越压抑。父母却浑然不觉，还错误地认为"打是亲骂是爱，不打不骂不成才"。

有一天，女孩在弹钢琴时，突然眼鼻错位，全身不停地抽动，还破口大骂。父母赶紧把她送到医院。医生经过检查，诊断为脑神经介质发生障碍的"抽动秽语综合征"。从此女孩一见到钢琴就犯病，父母只好将钢琴卖掉。

兴趣、爱好原本应该是一个人乐意去做的事情，由于父母的粗暴干涉，竟然变成一件让小女孩恐惧的事情。这个故事给父母们敲响警钟，在培养女孩的兴趣、爱好这件事上，父母只有尊重女孩的意愿，才能激发出女孩内在的动力，调动女孩的积极性，让女孩在愉悦的体验中逐渐进步，获得自信心和成就感；否则会像酷刑一样，成为女孩的噩梦。

四、培养女孩的兴趣、爱好，贵在坚持

一个人即使是发自内心地喜爱一件事情，在投入的过程中也会有倦怠期，从而产生消极退缩的情绪，女孩培养某个兴趣、爱好的过程也不例外。遇到这种情况，父母要打起精神，积极寻找适当的方法，帮助女孩度过倦怠期，万万不可父母先心力交瘁地打退堂鼓。

有个妈妈帮女儿报了古筝课，学了一段时间后，女孩手指上磨出了一层薄薄的茧，女孩还没有说什么，妈妈就捧着女儿的手心疼地哭了："我们不学了，我们不学了。"

父母在培养女孩的爱好之前，就应该预想到将来会碰到困难，并提

前想好应对的策略。此外，当女孩全身心地投入一件事情，废寝忘食到影响了正常的生活和学习时，父母要及时给予正确的引导，帮助女孩合理分配时间，平衡好课内的功课和课外的爱好之间的关系，度过暂时的困难和危机。

总之，在培养女孩的兴趣、爱好这件事上，父母要保护好女孩的求知欲和好奇心。在女孩的心里种下一粒种子，静静地等待它发芽、开花、结果。这就像栽种一棵树、培育一盆花一样，尊重它们的生长规律，静待时光检验就好。

善于激发女孩的语言天赋

同一个班级的学生一起背古诗，女孩总比男孩背得快；学习英语，女孩也比男孩学得快、学得好。通常来说，女孩在口语表达方面比男孩更流畅，在学习和掌握新的语言方面也比男孩更有优势，这是由于男性和女性的大脑结构存在差异。解剖学家经过研究发现，女性左右脑联系沟通的神经通路——胼胝体比男性大，这有助于词语的记忆、表达，但在抽象思维、逻辑推理方面则较弱。英国的《每日邮报》曾经报道过一位名叫贝拉的小女孩，只有4岁的她能说俄语、英语、德语、西班牙语、法语、汉语以及阿拉伯语，震惊了全世界。

虽然女孩具有语言天赋，但这并不意味着父母就可以高枕无忧。父母平时更应该多注意观察女孩，避免错失发展其语言能力的黄金期。

对于女孩来说，8~12个月是非常关键的语言启蒙期。许多宝宝在这个阶段发出的第一个有意识的音符可能是"爸"，也可能是"妈"，可见造化之神奇。父母作为孩子的第一任老师，应该抽出更多的时间与女孩进行交流。

8~18个月是女孩的语言积累期。这个阶段的女孩想说话、爱说话，却往往词不达意。父母要有意识地利用具体的场景，多给女孩说明、解释，比如吃早饭的时候，可以清晰地向女孩重复几遍："我们吃早饭啦。"

吃午饭的时候，再清晰地向女孩重复几遍："我们吃午饭啦。"父母不用在意女孩能不能听懂，只需要规范地做好示范就可以了。

18~36 个月是女孩的语言爆发期。这个阶段的女孩会有意识地主动表达自己的意愿和想法："我想要布娃娃。""我想出去玩儿。"需要注意的是，这个阶段的女孩虽然能清晰地表达自己的想法，但是还不能很好地分辨事物之间的逻辑关系，父母应该耐心倾听，鼓励女孩讲述自己的感受和想法。

语言爆发期之后就是语言规范期。女孩在这个时期可能会上幼儿园，接触到更多的人，比如幼儿园的老师和小朋友。父母可以鼓励女孩多说说自己看到的、听到的事情，或者看完、听完故事后尝试着复述出来。

女孩表现出一定的语言天赋后，父母应该多加关注，引导她把语言天赋充分发挥出来。

敏子 8 岁的时候，父母给她买了一块小黑板。每次家庭聚会，父母和亲戚都会发现一件非常有趣的事，就是敏子会在黑板上书写汉字和拼音，教亲戚家的弟弟妹妹学习。父母偷偷地旁听了一会儿，敏子模仿学校里老师的口气，教得像模像样。在父母的支持和鼓励下，敏子现在是一所高校的老师，年年被评为"优秀教师"，深受学生的尊敬和爱戴。

即使大多数女孩都具有语言天赋，但在女孩小的时候，并不一定能很清晰地表达自己的情绪和想法，这时候父母要耐心引导，鼓励她用准确的语言诚实地进行表达。

有两个一年级的小女孩发生了争吵，老师认为两个女孩都有错，把两人都狠狠地批评了一顿。其中一个女孩感到非常委屈，因为她觉得自己没有错。这个女孩回到家里一脸的不高兴，妈妈看到后，亲切地抱住她问道："发生什么事了？跟妈妈说说。你说的每一句话我都相信。"然后，女孩对妈妈讲述了事情的前因后果。第二天，这位妈妈找到老师和对方的家长反映情况，最后发现确实是另一个女孩撒了谎。

女孩在成长过程中会遇到很多的误解，无论是在学习上还是在生活上，都不可能一帆风顺。这个时候，她最需要的就是来自父母的鼓励和信任。父母对女孩发自内心的爱以及真诚的鼓励，是打开女孩心灵之门的一把钥匙。因为有父母的爱和信任，女孩才愿意敞开心扉。

即使有过人的天赋，如果后天不好好激发、利用，天才也会变得跟普通人一样。尽管女孩有出众的语言天赋，但是如果父母不善于激发、引导，恐怕也会辜负上天的美意。

引导女孩从小养成良好的学习习惯

俗话说"活到老，学到老"，学习贯穿我们的一生。只有坚持终身学习，才不会被时代所淘汰。小学是女孩养成良好的学习习惯的重要阶段，此时女孩会面临许许多多的问题，比如如何书写、如何阅读、如何集中注意力、如何提高学习效率等。父母引导女孩从小养成良好的学习习惯，女孩的一生都将受益无穷。

海豚的妈妈最近十分苦恼，海豚原来一直很乖，父母说什么海豚就做什么，基本上不用爸爸妈妈操心。自从海豚升入小学二年级以后，她却不那么听话了。每次做作业的时候，海豚总是磨磨蹭蹭地不想写。即使坐到书桌前，她也是三心二意，一会儿削铅笔，一会儿起来喝水，一会儿上厕所，就是不好好做作业。父母批评之后还是我行我素，要是批评得严厉了，她就号啕大哭，所以每次指导海豚做作业，妈妈都很崩溃，经常忍不住大发雷霆。一到写作业时间，家里就鸡飞狗跳。

海豚的舅舅是一位老师，有一次到家里来做客，正好碰上母女起冲突。舅舅向海豚的妈妈反复强调孩子学习习惯养成的重要性，并且给海豚做了一番思想工作，提醒她在学习的过程中不能干别的事情。学习就学习，玩儿就玩儿。在家长和海豚的共同努力下，她逐渐养成了良好的学习习惯，学习成绩也有了大幅度的提高。

　　人人都知道养成良好的学习习惯的重要性，那么父母应该如何引导女孩养成良好的学习习惯呢？

一、引导女孩热爱学习

　　兴趣是做好一件事的前提。"唯有热爱，可以一直照亮前路"。如果女孩觉得学习是一件痛苦的事情，每天都需要调动强大的意志力才能够硬着头皮学下去，那么在幼年时期或在父母的高压下，女孩可能会无奈地顺从父母的意志，被动地进行学习；一旦脱离了束缚，没有了督促和鞭策，女孩就可能敷衍或放弃。所以父母应该以身作则，多读书，多学习，给女孩做出好的榜样，让女孩在潜移默化中把学习当成生活中必不可少的一部分，甚至当成一种生活方式。当女孩专心学习时，父母要有意识地给她提供一个安静的环境和良好的氛围，以鼓励和赞赏的态度，激发其学习的积极性。

二、引导女孩找到适合自己的学习方法

　　细节决定成败，好习惯的养成要从大处着眼，从小处入手。父母要引导女孩摸索出一套适合自己的学习方法，制订科学的学习计划并严格执行。比如课前预习、课后复习、认真书写、上课认真听讲、平时多提问、做完作业要检查，等等。习惯是大脑自动遵循的行为模式，习惯的养成并非一蹴而就。无论这个过程多么漫长，多么艰难，父母都不要嫌麻烦。父母要尽己所能，帮助女孩在平时的行为中形成固定的模式。在小学阶段，父母与其关注女孩分数的高低，不如关注女孩是否养成了良好的学习习惯。在女孩学习时，父母要多注意观察，看她有没有走神，有没有磨叽，坐姿是否正确，书写是否规范……一旦发现女孩有不好的学习行为，就要及时进行纠正和提醒。父母平时要多与老师进行沟通，了解女孩在学校的表现。做得好的方面要鼓励、强化，不良的学习习惯要及早改正。

三、引导女孩劳逸结合

　　"一张一弛，文武之道"。女孩一味地玩耍不学习，没有知识的输入，

大脑里面就会空空如也；反过来，一味地学习不休息，女孩就会透支精力，很容易疲劳、倦怠。西方有句名言，大意是"光学习，不玩耍，聪明的孩子要变傻"。劳逸结合可以帮助女孩提高学习效率，起到事半功倍的效果。闲暇时，父母可以带女孩到户外呼吸新鲜空气，进行体育锻炼，比如去公园散散步、爬爬山；如果女孩稍微休息一下，还要投入到下一阶段的学习当中，那么父母可以陪她跳跳绳、下下棋、听听音乐，做一些比较轻松的活动。

行为养成习惯，习惯形成性格，性格决定命运。养成良好的学习习惯，对女孩的一生都至关重要。

激发女孩自主学习的内驱力

内驱力是驱使有机体产生一定行为的内部力量。瑞士著名哲学家、分析心理学的创始人荣格将内驱力与集体无意识联系起来，他始终强调集体无意识是建立在集体观念的基础上的，并以"生命驱力"为前提。有一句话形象地概括了内驱力的作用：鸡蛋从外部打破是食物，从内部打破是生命。

在日常生活中，主动学习的女孩和被动学习的女孩差别很大。主动学习的女孩能够做到提前预习、按时完成课后作业、考前认真复习等，会自己开动脑筋深入钻研，把每个知识要点、难点想得清清楚楚，努力提高学习成绩；被动学习的女孩学习时心不在焉、磨磨蹭蹭，总是想办法偷懒，即使老师和父母经常提醒、督促，她也是一副不情不愿的样子，学习在她眼中就是一项任务，只要完成就行，根本不管完成的质量如何。

内驱力决定动机的方向和大小，是激发孩子主动性的关键所在，那么，父母应该如何激发女孩自主学习的内驱力呢？

一、培养女孩的好奇心和学习兴趣

孩子的好奇心是与生俱来的，他们对于未知的事物富有探索的兴趣，父母要善于激发孩子的好奇心，只有将好奇心和学习兴趣紧密结合起来，孩子才会积极探索、自主学习。在这一点上，无论男孩还是女孩，都是一样的。

云云上幼儿园时，父母经常带她去逛超市，教她看货架上的标签，让她了解一瓶果汁多少钱、一袋软糖多少钱、加起来一共是多少钱……云云特别爱看她喜欢吃的零食的价钱，时间长了，云云对数字变得很敏感，父母虽然没有刻意教她，但有了超市的购物经历，到小学学习数学时，她比其他孩子明显学得快。

过了一段时间，妈妈发现云云对语文课本上的诗歌不怎么感兴趣，妈妈就买了一套童诗读物，每天晚上临睡前给云云念一首诗。听着富有节奏性和韵律感、想象奔放、意境美妙的诗歌，云云经常会咯咯地笑出声来。读完这一套诗歌，云云对妈妈说："妈妈，我也想写诗。"

女孩为什么对学习没有兴趣？很大一部分原因是父母过于强势。父母对女孩强行进行控制和干预，处于弱势地位的女孩只能被动地接受，没有选择权，也没有否决权。比如，父母觉得学习弹钢琴好，就强制要求女孩上钢琴课。女孩也许原本对弹钢琴很感兴趣，但是为了抗拒父母的控制，她会本能地产生强烈的逆反心理，死活不愿意好好学。

曾经有一个女孩因为跟父母赌气，许多年都不碰钢琴。后来随着年龄的增长、阅历的丰富，她的心结才慢慢打开。尤其当她有了孩子之后，她与父母的关系才真正得到修复。这时她才发现，原来在内心深处，她一直是喜欢弹钢琴的，这么多年从来没有变过。只是这种喜欢被掩埋在怨气之下，失去了光华。

二、借助成就感来激励女孩

兴趣和好奇心可以驱动女孩自主学习，但在不断前行的道路上，女孩可能会有疲惫和动摇的时候，这时候父母可以尝试借助成就感来激发女孩的内驱力。

比如上文提到的云云，当她算出超市商品的总价格时，不仅父母会表扬她，有时候收银员也会惊讶地夸赞她，无形中增强了云云的自信心和自豪感，让她觉得这是一件快乐而有意义的事情。

一个班级通常有四五十个学生，有的孩子成绩名列前茅，有的孩子居于中游，有的孩子暂时落后。如果女孩不能从老师那里获得足够多的关注和肯定，父母就一定要给予女孩她所缺失的这一部分。可是，有的父母动不动就当着女孩的面对别人说："我这个孩子脑袋又笨，上课又不专心听讲，成绩一直不怎么样。"女孩生活在这种不被信任、不被认可的家庭中，很难想象她能取得好成绩。

在艰苦的学习过程中，女孩必定会遇到这样那样的困难和挫折，如果父母总是通过外在的压力或物质奖励来激发女孩的内在动力，外力总会有失效的那一天。受苦很难坚持，只有引导女孩发挥自己内在的力量，让她积极、主动、满怀希望地学习，她才会走得更远。

耐心教导，帮助女孩克服厌学情绪

前苏联教育家苏霍姆林斯基在《给教师的建议》一书中提到："请记住，没有也不可能有抽象的学生。"这个"抽象的学生"指的就是落伍的、厌学的学生。同一所学校，同一个时期，女孩们拥有的教育资源是一样的，可是为什么发展到后来，有的女孩喜欢学习、越学越有劲儿，有的女孩却厌恶学习、逃避学习呢？这就需要家长和老师好好思考一下女孩厌学情绪背后的深层原因及解决办法。

一、女孩厌学，可能是由于自身的原因

女孩厌学，有可能是因为基础薄弱、专注力差、跟不上老师的进度等。女孩的智力水平、个性特征会有一定的差异，父母不仅要及时发现并帮助女孩"扬长"，也要及时发现并帮助女孩"补短"。

另外，女孩学习成绩差有很大一部分原因是学习方法有问题，明明很用功，但每次考试成绩总是不尽如人意，长期的挫败感累积下来，女孩就会对自身的能力产生怀疑，对学习失去兴趣。她不想面对学习，主要是不想面对学习带给她的挫败感。如果女孩的学习方法有问题，那么父母应该帮助女孩认真分析和总结，看看到底是目标管理出了问题还是时间管理出了问题，抑或是自以为学会了，实际上没学会；自以为很用功，实际上是假用功。总之要精准地找出问题，对症下药。

二、女孩厌学，可能是父母的教育方式不对

有些父母掌控欲很强，总是粗暴地要求女孩按照自己的意愿行事。如果女孩提出不同的意见，就会对女孩施行高压教育。

网上曾流传着一个小视频，一个妈妈逼一个四五岁的小女孩背诵乘法口诀，女孩搞不清楚乘法口诀是什么，背诵的时候颠三倒四、频频出错，最后都被妈妈训哭了。令人气愤的是，这位妈妈并没有停止不恰当的管教，仍旧采取高压方式，逼女孩一遍又一遍地背诵，女孩哭得眼泪汪汪，边哭边背，错得一塌糊涂。

这样的教育方式，会让女孩把学习跟痛苦的场景联系起来，不管她长到多大，当她想起乘法口诀的时候，都会在脑海里浮现出痛哭流涕的一幕。痛苦的记忆犹如一道抹不去的伤痕，让她对乘法口诀深恶痛绝。还有的父母给女孩报了许多辅导班，每到放学或是周末，便带着女孩穿梭于各种辅导班之间，搞得女孩疲惫不堪，学习效率很低。明明付出许多时间和精力，最后却收效甚微，付出和回报不成正比，让女孩很有挫败感，从而产生厌学情绪。

三、女孩厌学，可能与老师、同学有关

每个老师都有自己的教育方式，有的老师对学生的期望值比较高，当女孩的成绩达不到老师的心理预期时，就会受到老师严厉的批评，有时候

话说得比较重，伤害了女孩的自尊心，于是女孩就会产生抵触情绪，讨厌上学。除此之外，有的女孩厌学，是因为和同学关系不好。

有一段时间，小鱼每天早上起来都会说："我不想去学校，我不想上学了。"起初妈妈还以为她没睡好觉在闹脾气，并没有把这件事放在心上。直到有一天，妈妈无意间看到她胳膊上有一条划痕，一问才知道，同桌的小男孩经常欺负她，将她的本子、笔袋扔在地上用脚踩，有时候甚至坐到她身上，用身体的重量压小鱼。妈妈这才明白小鱼不想去学校的原因。她及时找到班主任和小男孩的父母，除了要求他们对小男孩进行管教之外，还要求老师给小鱼调换座位，很快这个问题就解决了。后来，小鱼每天都开开心心地去学校，再也没说过"不想上学"之类的话。

如果女孩讨厌上学、不想上学，父母不要不问青红皂白，一上来就责怪、打骂孩子。父母要试着让自己冷静下来，倾听女孩的想法，让她说说为什么不想上学。只有找出问题所在，才能对症下药，想办法解决女孩的厌学问题。

不与他人比较，正确看待分数

乐乐的父母比较看重成绩，从小就对乐乐的学习提出了较高的要求。上小学的时候，父母花了许多钱，让乐乐择校进了市里的重点小学，而且还是重点班。在第一次期中考试中，全班有三十多名同学数学考了 100 分，而乐乐只考了 92 分。父母大发雷霆，等乐乐回家后，不管三七二十一，让她在地上跪了两个小时，说是让她长点记性。但是这样的惩罚并没有让乐乐长记性，反而使她对学习丧失了兴趣，成绩越来越糟糕。期末考试时，乐乐不仅数学成绩不理想，连原本出类拔萃的语文成绩也下滑得厉害。

父母都望子成龙、望女成凤，这种心情可以理解，但要注意方式方法。第一名只有一个，父母要放平心态，理性地看待女孩的学习成绩。如果过分注重分数，就会忽视女孩的心理健康及全面发展，给女孩造成不好的影响。

有的父母只要女孩成绩好就行，不管她提什么要求都满足，不注重女孩品德方面的教育及其他能力的培养，于是导致很多女孩发展失衡。这些女孩在学校虽然是成绩优异的尖子生，但有的生活完全不能自理，有的性格孤僻怪异，有的甚至走上犯罪的道路。学习成绩只是衡量女孩是否优秀的标准之一，不是全部标准，也不是唯一标准。为了使女孩有更加美好的未来，父母必须注重女孩的全面发展。

一、父母只注重女孩的成绩，女孩对自己的定位可能出现偏差

女孩考试没有考好，原因很多，或许只是一次小小的失误，或许是因为考前没有好好复习，或许是学习方法不得当……女孩由于年龄尚小、经验不足，不能快速地找到问题所在，此时父母劈头盖脸的责骂会让女孩对自己产生怀疑，认为自己不是学习态度和学习方法有问题，而是真的"脑袋笨、学不好"。

二、父母只注重女孩的成绩，会使亲子关系变得紧张

女孩考出了骄人的成绩，父母又是表扬又是奖励；女孩考砸了，等待她的是责骂和羞辱，甚至体罚。时间久了，女孩就会有一种强烈的紧张感，不仅害怕考试失手，而且害怕父母的态度阴晴不定，害怕来自父母的惩罚。这种紧张的亲子关系，非常不利于女孩的成长。

分数体现了女孩某一阶段的学习成果，影响分数的不只是努力不努力的问题，还包括很多因素。父母应该多关注一下，女孩这段时间的学习方法是否正确？女孩这段时间的注意力是否集中？女孩这段时间的身体状况如何、心理状况如何？有的父母一看到女孩成绩不理想，马上就断定女孩学习不努力，这种看法是片面的，应该理性、客观、全面地看待女孩的考试成绩，找出真正存在的问题，帮助女孩将知识的漏洞补上。

三、当女孩成绩不理想时，父母要多包容和鼓励

没有哪个女孩天生不求上进、甘为人后，每个女孩都是积极向上的。当她没有取得好成绩时，她会迷茫、难过、自责。父母不要用责备、打骂的方式给她施加压力，因为父母的高压只会把女孩推得更远。当她不堪重负时，身心难免会出现问题。父母应该成为女孩坚强的后盾，与她站在一起，齐心协力找原因、想办法，共同克服女孩学习中遇到的困难。父母要多鼓励孩子，当女孩觉察到父母的关心和爱护后，自然会重拾信心，奋起直追。

父母要承认人与人之间是存在差异的。同样是女孩，天赋及性格却千差万别。各有所长，也各有所短。有的女孩天生会关心人、照顾人，善于体察他人的情绪；有的女孩心灵手巧，擅长缝纫、刺绣、编织等手工活儿；有的女孩擅长吹拉弹唱，天生就有艺术细胞……并不是每个女孩都在学习方面具有超强的天赋，所以不要只拿学习成绩来衡量一个女孩是否优秀。女孩只要学习态度端正，用正确的方法认认真真地学了，什么样的结果都应该坦然接受。父母千万不要拿自家的孩子与别人家的孩子进行比较，女孩只要和自己比较，进步了就值得鼓励。

随着社会的进步，人们越来越强调每个孩子都要全面发展。社会需要各种各样的人才，不仅仅是会学习、分数高的人。父母不要只盯着女孩的考试成绩，而要多发现女孩身上的闪光点。

梦想视觉化，把时间和精力聚焦在目标上

在《小狗钱钱》这本书里，小女孩吉娅想帮助家里摆脱财务危机，小狗钱钱告诉她首先要制作一本梦想相册。在梦想相册的指引和激励下，吉娅一步一个脚印地付诸行动，最终帮助家里还清了债务，过上了富裕的生活，实现了自己的目标。这本书想要告诉读者的是：你是否能够成功，起决定作用的不是你有多聪明，而是你是否真的有这个愿望。

以色列前总统佩雷斯说，未来的责任是教年轻人学会"想象"，你

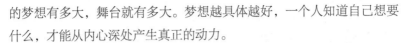

的梦想有多大，舞台就有多大。梦想越具体越好，一个人知道自己想要什么，才能从内心深处产生真正的动力。

小孩子看待世界的眼光跟成人是不一样的，父母要允许并鼓励女孩编织自己的梦想，不要觉得她"异想天开"而用世俗的条条框框去束缚她。现代社会竞争激烈，未来会更加激烈，越是深谋远虑的父母越是焦虑。他们早早地就为女孩规划好了人生，应该学什么本领、考什么学校、将来从事什么职业，都像设定程序一样，规划得清清楚楚。为了确保万无一失，从幼儿园就开始给孩子报各种各样的课外辅导班，逼着孩子学英语、学才艺。等女孩上了学，又想尽一切办法让她进重点学校、重点班级。

女孩的天性是自由的，如果家长煞费苦心地硬拉着女孩往自己为她规划好的道路上发展，其实是粗暴地剥夺了女孩往更好的方向发展的可能性。如果父母为女孩设定的梦想不是女孩想要的，也就激发不出她内在的动力。

小薇小时候喜欢趴在窗边看外面的世界，每到下午四五点钟的时候，就有一辆垃圾车开到楼下把垃圾运走。小薇觉得很神奇，天天趴在窗户边看，从不觉得厌倦。

有一次爸爸问小薇："你长大以后想干什么？"小薇说："我长大以后想开垃圾车。"爸爸笑得肚子都疼了，还把这件事当成一个笑话，到处跟亲戚们说。所有的人听了之后都哈哈大笑，每次见到小薇都会忍不住逗她："你什么时候去开垃圾车呀？"小薇虽然年纪小，却能听出大人嘲笑的语气，从那以后，每当有人再问她："你长大以后想干什么？"小薇就会低着头走开，一句话也不说。

在孩子眼里，开垃圾车是一件非常有意思的事情，以她的认知水平和人生阅历，根本不了解这份工作背后的辛酸和劳累。父母可以带着小薇实际参观和体验一下，当小薇明白了实际情况跟她想象的不一样，她可能会改变主意；如果她仍然觉得开垃圾车有意思，对垃圾的分类、清理，对垃圾车的设计、改装等有强烈的兴趣，不在乎那份苦和累，那么父母不妨支持她、引导她，说不定她日后能成为相关领域的优秀人才呢。

对于每一个志存高远的人来说，梦想是心灵的灯塔，是前行的动力和快乐的源泉。当女孩心中有了梦想，当她强烈地想要达成这个愿望时，就会产生无穷无尽的力量。即使没有人鞭策和监督，她也不会懈怠。女孩如果能在小的时候就找到她一生愿意为之奋斗的梦想，那么她是无比幸运的。当父母发现女孩拥有自己的梦想时，千万不要去打击她、嘲笑她。要知道，这颗梦想的种子是多么可贵。有多少人，在人生的道路上走着走着就把梦想弄丢了；又有多少人，一辈子也没找到真正属于自己的梦想。

没有梦想的人生，就像一根没有点燃的蜡烛，也像一艘无舵的航船。梦想如此重要，但是光有梦想是远远不够的，有了梦想还必须付诸行动。如果女孩梦想成为画家、舞蹈家、歌唱家，她想得天花乱坠，可就是吃不了苦，不肯为梦想洒下汗水，那么她的梦想只是空想、妄想，永远也实现不了。当女孩肯为梦想付出艰苦的努力时，父母要坚定地支持她、鼓励她。在女孩觉得苦和累时，在她遇到困难时，父母要及时给予帮助，让她能尽快地调整好状态，继续沿着梦想的道路前行，做个执着的追梦人。

6

第六章 好性格成就好命运

解读女孩的九型人格

人格主要是指人所具有的与他人相区别的独特而稳定的思维方式和行为风格。奥地利心理学家阿德勒曾经说过："培养孩子健全的人格，这才是儿童教育的首要目的。"

美国的亚历山大·汤马斯博士和史黛拉·翟斯博士在《气质和发展》一书中提到，在刚出生第二到第三个月的婴儿身上有九种不同的气质。美国斯坦福大学心理学教授戴维·丹尼尔斯经过研究发现，婴儿的这九种不同气质刚好与九型人格相配，因此创立了九型人格理论。

人的人格形成于儿童期，如果要找寻一个人人格问题的症结，应该从他的童年入手。父母只有对人格方面的知识有大致的了解，才能更好地教育女孩。以下是对九型人格的简要阐述及给父母的忠告。

一、完美型人格

具备完美型人格的女孩特别注重细节，事事追求完美，自我要求很高，对别人的要求也高。

培养建议：这类女孩过于注重规矩和规则，做事太用力，不善于变通。父母应该鼓励她放松下来，对自己、对他人都不要过于苛求，而是要尝试着去理解他人、包容他人。

二、助人型人格

具备助人型人格的女孩通过帮助别人来获得满足感和成就感，一旦发现别人不需要她的帮助，就会感到失落。

培养建议：这类女孩太具有奉献精神，常常忽略了自己的感受和需求。父母应该教导她设定助人的底线，帮助别人的同时也应该学会爱自己，对于不合理的要求要学会拒绝。

三、成就型人格

具备成就型人格的女孩好胜心特别强，总是野心勃勃地渴望胜利，希望成为万人瞩目的焦点。

培养建议：这类女孩喜欢被关注、喜欢出风头，父母应该教导她正确地看待成功，不要被虚荣冲昏头脑，不要被庸俗的成功学所裹挟而迷失自己。父母应该让她明白：宁静淡泊，从容自若，也不失为一种生活方式。

四、浪漫型人格

具备浪漫型人格的女孩追求个性、追求自我、追求独特，但也多愁善感，林黛玉就属于这种人格。

培养建议：这类女孩感情细腻、丰富，与众不同，具有较强的想象力和创造力。父母应该多关心她的内心世界，让她时时刻刻都能感受到父母的爱，不至于陷入孤独的泥沼。

五、思考型人格

具备思考型人格的女孩喜欢探索未知的事物，求知欲强，喜欢琢磨、分析，遇到事情总喜欢说出个一二三来。

培养建议：这类女孩善于动脑筋，喜欢找答案，父母要注重女孩行动力的培养，鼓励她在思考之后要付诸行动。另外要鼓励她多与人交往。"三人行，必有我师焉。"与人交往能够帮助女孩打开思路，学到知识。

六、怀疑型人格

具备怀疑型人格的女孩为人谨慎，对什么都持怀疑的态度，即使是坐电梯也担心电梯会掉下去。

培养建议：具有怀疑型人格的女孩责任感强，但缺乏安全感，容易焦虑，做事之前忐忑不安，常常往坏的方面想，甚至会做最坏的打算。父母应该多带她体验成功的感觉，让成就感驱散笼罩在她心头的疑云。

七、享乐型人格

具备享乐型人格的女孩乐观、活跃、喜欢新鲜的事物、贪图享受，什么都懂得一些，但又都不精通，被称为"百科全书失落的一角"。

培养建议：这类女孩活泼开朗，做事喜欢凭一时之兴趣，缺乏毅力和耐心。父母应该帮助她找到真正喜欢做的事，引导她学会深入地探究问题、钻研问题，而不是蜻蜓点水、浅尝辄止。

八、领袖型人格

具备领袖型人格的女孩喜欢追逐权力，有攻击性，正义感强，喜欢控制别人，不喜欢被人控制。

培养建议：这类女孩脾气急躁，独断专行，父母在教育这类女孩的时候要注意以柔克刚，不要硬碰硬。父母应教会她尊重别人，提高情商。

九、和平型人格

具备和平型人格的女孩温婉平和，害怕与人起冲突，在现实生活中常常被称为"老好人"。

培养建议：这类女孩与世无争，喜欢安逸，面对矛盾冲突总是选择逃避。父母要教导她张扬自己的个性，要有主见、有担当，不要因为害怕冲突而委曲求全，软弱地选择顺从、依附他人。

需要特别强调的是，人格理论中有一条非常重要的原则，就是人格无好坏之分。九种人格当中，每种人格都有优点，也有缺点，每种人格都出过卓有成就的杰出人物。父母不要把九型人格当成枷锁，指责孩子这也不好，那也不好。

父母了解九型人格旨在明白人与人是不同的，孩子跟孩子也是不同的。由于人格类型不同，父母应该针对不同人格的女孩采取不同的教育方式。只有因材施教，才能教出优秀的孩子。

抓住性格成型的源头，捕捉女孩成长的敏感期

性格决定命运，女孩的性格会影响她的一生。许多专家研究表明，性格的养成，跟一个人的童年有很大关系。儿童教育专家孙瑞雪曾在《捕捉儿童敏感期》一书中提到，所谓"敏感期"，是指在0~6岁的成长过程中，儿童受内在生命力的驱使，在某个时间段内专心吸收环境中某一事物的特质，并不断重复实践的过程。每顺利地度过一个敏感期，儿童的心智水平便会上升一个层次。遗憾的是，许多父母不知道儿童成长的敏感期，错失了许多帮助女孩成长的机会，以至于当他们明白过来时，往往后悔莫及。

一、0~2岁的女孩

0~2岁的女孩往往有以下表现：喜欢用手抓东西、喜欢探索空间、对小巧精致的东西感兴趣、急切地需要保护一个精确而有序的环境、喜欢模仿、喜欢玩水玩沙子、要求实物和用具必须完整等。

许多父母可能都遇到过这样的情况：当你将缺了一小块的饼干给女孩时，不管你如何解释"这是最后一块了，饼干还是饼干，只是不小心磕掉了一块"，女孩仍然又哭又闹，非要一块完整的。许多父母觉得女孩太不懂事了，却不知道女孩正处于建立审美规则的敏感期。

二、2岁半~3岁的女孩

这一阶段的女孩能够将自己的认知感觉和语言联系起来，有了秩序感，有了自我意识，经常会说："这是我的。"

琪琪是个3岁的小女孩，每次爸爸妈妈带她出去玩儿，回家的时候，都是妈妈领着她，爸爸开门。有一次爸爸忘了带钥匙，所以妈妈把门打开了，结果琪琪又哭又闹，站在门口就是不进去："要爸爸开门，不要妈妈开门。"哭声把邻居都惊动了，弄得爸爸妈妈非常不好意思，把琪琪狠狠地批评了一顿。其实并不是琪琪故意闹腾，而是因为她正处于建立

秩序的敏感期，所以才会有这种在大人看来不可思议的举动。

三、3岁~4岁的女孩

这一时期的女孩往往会有以下表现：开始说句子、爱诅咒、不断地问为什么等。在父母眼中，每个女孩都是天使，可是如果从天使的嘴巴里突然说出"打死你""你去死吧"之类的话，父母往往会大惊失色。其实在这个阶段，女孩会发现语言是有力量的，女孩说诅咒的话，父母反应越强烈，女孩就越喜欢说，所以面对这种情况，父母一定要保持镇静，心平气和地加以引导。

四、4岁~5岁的女孩

这一时期的女孩对音乐、绘画、认字、破坏行为、人际关系、婚姻、专注力、压力和动力等比较敏感。最初的时候，女孩都想和自己的爸爸妈妈结婚；随着与外界的接触，可能会喜欢老师、叔叔或阿姨；到5岁左右才会喜欢同龄的异性小伙伴。在这个过程中，女孩能够体会到喜欢一个人的感觉，或许也会体会到自己喜欢的小伙伴不喜欢自己的感觉。女孩只有顺利地度过这段时光，才能为长大后进入美满的婚恋关系做好铺垫。

五、5岁~6岁的女孩

这一阶段的女孩对书写、数字、逻辑、规则、延续交往等比较敏感。当她对数字、数量有一定的理解后，开始对数字的排列、相互之间的关系产生兴趣。在这个阶段，父母可以利用一些教具，有意识地引导女孩学习加减乘除的运算，但千万不要让她死记硬背。

在养育女孩的过程中，父母往往会觉得她的一些行为简直无法理解，比如突然情绪爆发、突然号啕大哭，但透过现象看本质就会发现，其实这些行为都是女孩情感、意志的投射。父母要敏锐地捕捉女孩正处于哪个敏感期，积极采取相应的管教措施。最重要的是，为她提供更有爱、更自由的空间，让女孩身心健康地成长。

温柔不等于软弱

我经常听到家长们在聊天的时候说："女孩听话懂事，比男孩好养多了。"的确，在现实生活中我们发现，女孩比男孩更乖巧懂事、更善解人意、更听从父母的管教。但同时我们也看到，相比于男孩的大大咧咧、满不在乎，女孩更加敏感和脆弱，更加依赖父母，很可能因为一件小事、一句话就伤心地掉眼泪。

专家经过研究发现，女孩很小的时候就懂得用"关系"来衡量世界，知道如何在与父母的关系、与老师的关系、与小伙伴的关系中确定自己的位置。与男孩相比，她们更在意与他人的关系，更在意他人的看法和想法。因此，大部分女孩比男孩更温柔，更招人喜欢，因为她们待人体贴、宽容，说话不疾不徐，办事不慌不忙，让跟她们接触的人感到非常舒服。

温柔没有错，女孩应该温柔，但是一定要明白，温柔不等于软弱。

有的女孩过于胆小、懦弱，即使有不同的意见，也不敢提出来，只会屈服、顺从；即使被人欺负了，也不敢反抗，受了委屈就只会哭。可以说，性格软弱的女孩就像一只温顺的羔羊，处境非常危险。

一般来说，过于强势的父母养育出来的女孩多半比较软弱。因为不管做什么事情，都有强势的父母来发号施令，女孩在家里没有发言权，她的意见不被尊重，一旦反驳、反抗，迎接她的将是暴风骤雨般的责骂和打击。

还有一些父母会用道德和情感来绑架女孩，逼迫女孩就范。好像女孩不听父母的话，就是不孝顺；好像女孩坚持自己的想法，就伤了父母的心……女孩在这种家庭中长大，就会有一种恐惧感。因为她一旦不按父母的意志行事，就会招来父母的唠叨、指责、冷落。她害怕失去父母的欢心，所以不敢特立独行。

惜惜小的时候，有一次没有完成妈妈布置的家庭作业就跟小伙伴玩耍去了，等她回来后，发现作业本被撕得粉碎，满地都是碎纸，妈妈正气呼呼地坐在沙发上，看都不看她一眼，也不跟她说话，一直坐了好几个小时。晚饭也没有做。

从那以后，惜惜再也不敢不听妈妈的话了。在她心里悄悄埋下了一颗恐惧的种子，别人对她提要求，她从不敢拒绝，因为她见过妈妈生气的样子，那种情景非常恐怖，每每想起，她都觉得不寒而栗。

父母过于宠爱、娇惯女孩，也会养育出软弱无能的女孩。有些父母把女孩当成温室里的花朵，不让她经受一点风吹雨打，所有的事情都任劳任怨地替她完成，无形中剥夺了女孩锻炼、成长的机会。久而久之，女孩就丧失了独立生存的能力。当女孩需要自己去外面的世界闯荡时，就会战战兢兢，前怕狼后怕虎，怕黑、怕虫子、怕陌生人、怕面对新环境等等。

在女孩小的时候，有的父母为了让女孩听话，会用各种各样的手段来吓唬她。比如会说"再哭，就把你扔掉""再哭，老虎就来把你叼走""再哭，爸爸妈妈就丢下你不管了"……女孩被吓过之后，会在心里留下难以磨灭的阴影，变得胆小、怯懦。这些父母从没想过会有这样的后果。他们只是为了止住女孩的哭闹，只是图一时之方便，或者只是随口说说，却对女孩的心灵造成重大伤害。这个代价太大了，大家应该引以为戒。

为了养育出一个有思想、有主见、有个性、不怯懦的女孩，父母应该努力营造良好的家庭氛围，让女孩获得安全感、认同感、幸福感。不要动不动就训斥女孩、恐吓女孩、打击女孩。女孩只有获得充足的安全感、认同感、幸福感，才能活得舒展、自信，不畏惧，不软弱。除此之外，父母还应该鼓励女孩接受一些难度较大的挑战，在战胜自我中获得自信。对了，别忘记告诉女孩，当自身利益受到侵犯时，要坚决地说"不"。

从身边一点一滴的小事做起，经过一次又一次的磨炼，女孩定会变得越来越强大。

帮助女孩克服虚荣心

即使是刚上幼儿园的小女孩，有时候也会吹嘘、攀比。一个说："我有 100 个洋娃娃。"另一个毫不示弱地说："我有 200 个洋娃娃。"到了小学、中学，攀比现象就更严重了，谁的裙子漂亮，谁的压岁钱多，甚至谁家的房子大，都可以作为炫耀的资本。在儿童心理学家看来，女孩有虚荣心，说明她的自我意识、自尊心得到了发展，总想把自己最好的一面展示给大家；但是如果自尊心扭曲，明明能力或者条件达不到，却靠不断地编织谎言来维护可怜的虚荣心，往往就会走上堕落之路。

没错，爱慕虚荣是自尊心扭曲的一种表现，是人们为了获得某个荣誉或引起普遍的注意而表现出来的一种不正常的社会情感和心理状态。女孩在幼儿时期，心理发展不成熟，分辨能力不强，很容易受到他人的影响，产生虚荣心理。

过年的时候，月月得到了两千块钱的压岁钱，她非常开心。可是开学后第一天从学校回来，月月就哭了。父母耐心地询问她发生了什么事，月月说："然然的压岁钱比我多，为什么我只有两千块？"

父母听了，耐心地给月月解释："然然的压岁钱多，是因为她家的亲戚大部分都生活在同一个城市；你呢，只有爷爷奶奶给的压岁钱。"

父母给月月讲清楚为什么她的压岁钱不如同学多之后，又对她说，压岁钱代表着长辈对晚辈的祝福，本意是祝福晚辈健康成长，无论金额多少，心意都是一样的；而且压岁钱并不是孩子自己的劳动所得，不能拿出来攀比和炫耀，让她正确地看待压岁钱。

法国著名哲学家柏格森说："虚荣心很难说是一种恶行，然而一切恶行都围绕着虚荣心而生，都不过是满足虚荣心的手段。"可见，虚荣心的危害很大。为了不使女孩误入歧途，父母应该做到以下几点。

一、父母首先要做到不慕虚荣

家庭是孩子的第一课堂，父母是孩子的第一任老师，父母的一言一行，都会给女孩带来潜移默化的影响。如果父母讲究吃穿，衣服、鞋子只穿名牌，处处喜欢炫耀，经常在朋友圈晒车子、房子、人脉什么的，女孩就会有样学样，吃的穿的要好的，玩的用的要贵的，变成一个喜欢攀比、爱慕虚荣的人。

二、父母不能无条件地满足女孩的要求

父母可以满足女孩的合理要求，比如给她买喜欢的玩具、图书，生日的时候，送给她一条漂亮的花裙子，这些都无可厚非。女孩需要被关心、被爱护。女孩的合理要求能够得到满足，她才没有匮乏感。但是，父母不能无条件地满足女孩的要求。即使条件允许，也应有所限制。如果无论女孩提什么要求，父母都答应，就会放纵女孩贪图享乐的欲望，助长女孩的攀比之心。

三、父母要引导女孩学会承担来自外部的压力

每个孩子的家庭情况是不一样的，有的家境比较富裕，有的家境比较贫寒。如果女孩家境一般，面对家庭条件优越的同伴时，父母要教导她学会坦然面对。

暑假期间，小苏班里家境富裕的孩子，有的跟着父母去东南亚旅游了，有的去欧美旅游了，当别人问到小苏时，她坦然地回答："我爸带我骑着自行车到周边玩儿了一趟。"

有句话说得好，不是每个孩子都有伞，没有伞的孩子要在雨中拼命奔跑。虽然小苏的父母没有条件带着她去国外旅游，但是他们给予了她足够多的陪伴和关爱，传递给她自信的勇气和乐观的精神，让她能够坦然地直面同学之间的差距，并且下决心要靠自己的努力，过上体面的生活。

对于家境优渥的女孩，父母要教导她沉稳、内敛、不炫耀，引导她

做有内涵、有修养的女孩，不做肤浅、虚荣的女孩。当父母发现女孩出现爱慕虚荣的苗头时，不要慌乱、暴怒，要从提高女孩的认知水平入手，当她能够把自我评价提高到他人的评价之上时，她就会明白，生活是自己的，不是为了表演给谁看。她会觉得，爱慕虚荣是非常幼稚的。

正确地对女孩进行挫折教育

某著名节目主持人每次谈及父亲，都会流下复杂的眼泪。父亲对她实施的就是所谓的"挫折教育"：要求她从小主动承担家务，每天要跑10000 米；15 岁去宾馆打工，负责打扫、整理 10 个房间，总共有 20 张床，床垫沉重，她一个人根本搬不动，中午大家都去吃饭了，只有她还在流着泪干活儿。她痛苦得甚至一度怀疑自己不是父亲亲生的。不堪回首的童年给这个主持人留下了很深的伤害，以至于成年之后仍不能释怀。

在生活中，有些女孩的父母会振振有词地说："我就是不顺着孩子、不惯着孩子。我现在顺着她、惯着她，将来到了社会上，谁顺着她、惯着她？所以从小就得让她知道，没有谁会无条件地惯着她。"这些父母的意思很明白，那就是不要娇惯女孩。为了培养女孩坚强的性格，所以要人为地给她制造一些困难。

这是真正的挫折教育吗？不是。挫折教育是指受教育者在接受教育的过程中遭受挫折，从而激发其内在的潜能，更好地掌握知识和技能，增强抗挫折能力。女孩的成长过程不可能一帆风顺，挫折随时都有可能出现，比如穿衣服时怎么也系不上扣子、考试成绩总是不尽如人意、关系要好的小朋友突然对她不理不睬，等等。这些对女孩来说都是挫折。

父母要对女孩进行挫折教育，并不是说要人为地去制造挫折，而是在女孩遇到挫折时，父母要给予正确的引导和教育。父母要让女孩明白：挫折并不可怕，要学会直面挫折，要敢于迎接挑战，要相信问题是可以解决的。也就是说，父母要做的是让女孩在挫折中成长，而不是人为地制造挫折。挫折未必能使女孩成长，苦难也未必能使女孩成长，使女孩成长的是在挫折和苦难中的自我觉醒和绝地反击。如果是消极、麻木地面对挫折，不仅不会有什么成长，反而可能一蹶不振。

在《养育的选择》一书中，陈忻博士提到，挫折教育不是给孩子故意制造障碍，不是在孩子面对困难的时候不管不顾，不是用"你自己想办法解决问题"的言语进行所谓的激励，而是父母在孩子遇到困难的时候，及时给予他们全方位（包括情感、认知、思维方式等方面）的支持，不让孩子独自去打无准备之仗。无论何时何地，无论发生什么，父母永远是孩子坚强的后盾，这才是挫折教育的核心内容。

一、当女孩遇到挫折时，父母要在情感上给予接纳和支持

在本文开篇所讲的故事中，父亲让女孩承担家务、风雨无阻地坚持长跑、去宾馆实习等，本意是好的。父亲希望女孩能够从小得到锻炼，掌握基本的生存技能，养成自律的习惯，拥有钢铁般的意志。如果在这个过程中，父亲能加强与女孩的沟通，让女孩理解、认可这件事情，女孩的心中就不会留下那么深的伤痕。如果女孩能够体会到父亲的一片苦心，那么她在做这些事情的时候，可能就不会满腹怨气了。当然，让一个 15 岁的女孩去宾馆打工，这件事情确实值得商榷。且不说女孩能否搬得动厚厚的床垫，单就安全性来说，也是难以保证的。当女孩无法胜任这项工作时，父亲应该及时喊停。毕竟，挫折教育不是折磨教育。挫折教育的本质是教育，不是挫折。

二、当女孩遇到挫折时，父母要引导她找到失败的原因

女孩考试没有考好，问题到底出在哪里？父母在对成绩不太理想的女孩给予理解、接纳之后，还要引导女孩理性地分析没考好的原因。父母要让女孩明白，遇到挫折并不可怕，关键是要找到问题所在，提出行之有效的解决方案并坚决贯彻执行。

三、当女孩遇到挫折时，父母要帮助女孩将整个事情梳理一遍

遇到挫折时会有沮丧的心情，解决问题后会有欢乐的感受，这些体验会让女孩构建起一种积极的思维模式——遇到问题就去解决问题，而不是沉浸在沮丧和自我攻击的情绪当中。因为她清楚地知道，沉浸在负面情绪中于事无补。

所有的教育都是爱的教育，只有让爱像空气一样流动起来，积极的能量才能传递到女孩身上。父母要想塑造女孩坚强的性格，就要明白挫折教育的真正含义，它是在女孩遭遇挫折时给予她全方位的支持，而不是人为地制造困难，给女孩造成噩梦般的挫折体验。

自立教育，培养有主见的女孩

一些发达国家比较注重孩子的自立能力，比如美国一些州立中学为了培养学生的社会生存能力，特别规定：学生必须不带分文，独立谋生一周才允许毕业。原联邦德国的法律条文中明确规定了6~18岁的孩子应该干哪些家务活儿，如果孩子不愿意做家务，父母有权利向法院提起诉讼，通过法律的手段督促孩子履行义务。

自立指的是自我独立，自己的事情自己做，不靠别人，自己完成一件事等；也指有自己的主见、主意，不需依赖他人。自立教育也就是让孩子决定做什么、不做什么，让孩子做自己该做、能做的事。

对女孩进行自立教育绝不是对女孩不闻不问、放任自流，而是父母先加以辨析、引导，然后再让女孩自己进行判断、决策，最后陪伴女孩完成。父母会隐身，但是不会缺席。

我看到过这样一则新闻：一个妈妈辛辛苦苦地把女儿养大，孩子大学毕业后很快就参加了工作。可是，她每次干不了多长时间就会辞职，总是抱怨工作任务繁重，早上要早起，晚上要加班，太苦，太累，受不了。

最后这个女孩索性什么也不干，心安理得地待在家里啃老，要么打打游戏，要么用妈妈不多的工资在网上购物。对于家人的指责，她振振有词："如果你们不能养活我一辈子，为什么从小对我那么娇惯？"节目播出后，很多家长陷入了沉思之中，自己有没有可能把孩子养成一个废物？

俗话说："小亏不吃吃大亏，小苦不吃吃大苦。"女孩在小时候吃一点苦、遭遇一些困难，是好事。如果父母心疼孩子，因为怕她吃苦而替女孩承担她应该承担的责任，虽然止住了孩子的哭闹和纠缠，却剥夺了她培养良好品格和发展自我能力的机会，这其实是以爱的名义害了她。

那么，父母应该如何培养女孩的自立能力呢？

一、大处抓好，小处放手

在生活中，我们时时处处都可以看到父母对孩子的干涉，比如父母觉得冷或热，就要求女孩加减衣服；女孩不扣外套的扣子，父母就硬让她扣上，说敞着穿显得流里流气；女孩想留长发，父母却说短发利落，还能节约梳头的时间；女孩明明喜欢科普类书籍，父母却让她读历史类书籍，说"读史可以明智"，诸如此类。有些是出于父母对孩子的关心，有些则是父母用自己的标准来衡量是非对错、有用无用。父母管教孩子，不可事必躬亲、事无巨细地管。其实，只要牢牢把握住大的方向就可以了，比如让孩子树立正确的"三观"，有家国情怀，有良好的意志品质，有高情商，有良好的学习习惯，等等。在细枝末节上，父母应该放手，让女孩学着自己去应对。

二、培养女孩的独立能力不是放任自流

让女孩学会自立，这是一件好事，但如果操之过急或不闻不问，结果可能适得其反。比如对门的小女孩10岁了，能自己把童车搬下二楼，3岁的小女孩看到了，要自立，也要自己把童车搬下二楼，她能做到吗？不能。让小女孩"为长者折枝"，她能够做到；让她"挟太（泰）山以超北海"，她肯定做不到。任何事情都有一个度，父母要根据事情的难易程度，决定是否要给予女孩必要的帮助。父母要教女孩学会正确地评估

自己的能力，在能力范围之内，尽力而为。否则，不但不能培养女孩的自立能力，还会使女孩的自信心受到沉重打击。

延迟满足，父母要三思而后行

20 世纪 60 年代，美国斯坦福大学的心理学教授沃尔特·米歇尔设计了一个著名的"棉花糖实验"。实验人员在每个孩子面前都放好了棉花糖，然后告诉他们，如果马上吃掉，就只能吃一颗糖；如果 15 分钟后再吃掉，就能吃到两颗糖。

实验结果是：有的孩子马上吃掉了一颗糖，有的孩子等到 15 分钟之后吃到了两颗糖。经过长期的跟踪调查，研究者发现，坚持、忍耐的时间更长的孩子具有更好的人生表现，由此提出了"延迟满足"理论。

2018 年 5 月 25 日，纽约大学的泰勒·瓦特，加州大学的葛瑞格·邓肯和权浩南，在《心理科学》杂志上联名发表论文，推翻了棉花糖实验的结论，并且得出了另外一个结论：在这些孩子中，谁能取得成功，并不取决于延迟满足能力，而是取决于其所处的家庭环境。

实际上，在中国家庭中，有很大一部分家长仍然在实行延迟满足的教育方式，认为延迟满足可以培养女孩的自控力。那么对于女孩的需求，我们到底要不要延迟满足？

心理学家李雪对延迟满足采取批判的态度，她认为延迟满足让女孩难辨好坏。比如有的家长担心，如果女孩的需求很容易得到满足，她就不会懂得珍惜和感恩，因此家长想尽一切办法故意拖延，借此来训练女孩的忍耐力和自控力。女孩对跳舞感兴趣，为了培养女孩持之以恒的精神，家长故意拖延，非要女孩百般哀求之后才让她学习舞蹈。如果父母经常这样对待女孩，女孩的需求经常不能及时得到满足，她就很容易陷入情感匮乏状态，长大以后抵御不住各种诱惑，容易上当受骗。

延迟满足容易使女孩感到恐惧和愤怒。有一段时期，定时哺乳的养

育方式非常风行，即使孩子饿了，母亲也不及时给予满足，而是定时定点地给孩子哺乳。由于孩子经常处于得不到食物的愤怒和恐惧之中，得到乳头时就会拼命地吸吮，直到吸得自己吃撑为止。与此同时，孩子会对乳头又爱又恨，做出攻击乳头的行为，甚至出现吐奶的现象。

人类（包括其他动物）都有这样的集体无意识：越是得不到的东西越想要。有的农场主为了让羊把发霉的草吃掉，故意把这些草堆放在栅栏外面。栅栏之间留有空隙，羊稍稍努力一下，就能把头钻过去，吃到发霉的草。果然，羊群放着新鲜的草不吃，却争先恐后地伸长脖子钻过栅栏把发霉的草吃光了。

2012年，心理学家赛莱斯特·基德等人重复棉花糖实验，得出一个非常残酷的结论：生长环境是影响一个人"及时满足"和"延迟满足"能力的重要因素。也就是说，生长环境比较差，手中的食物经常被抢走，父母经常说话不算数，来自这类家庭的孩子更倾向于选择及时满足；相反，生活在富裕家庭或父母责任心比较强的家庭中的孩子，其自控能力则比较强。人的延迟满足能力，其实是可以通过环境的改善和生活方式的改变而得到提升的。

由此可见，女孩的延迟满足能力，取决于平时她的需求是否能充分、及时地获得满足。需要提醒的是，父母越对女孩进行延迟满足方面的训练，女孩就越可能出现延迟满足能力不足的问题。延迟满足能力的训练，要以获得女孩的信任为前提，以良好的亲子关系为保障，否则会弄巧成拙。

培养开朗、乐观的女孩

网上曾经有个视频，在川流不息的高架桥上，一个高中生愤怒地推开汽车后门冲了出来，从高架桥上一跃而下。孩子的妈妈随后追出，但还是晚了一步，没能抓住自己的孩子，眼睁睁地看着孩子在自己面前消失。

　　虽然我们不知道母子之间究竟发生了什么事，但是这样一个结局仍然让我们心痛不已。究竟是什么样的挫折和打击，能让孩子如此绝望，绝望到对这个世界没有一丝留恋？

　　积极心理学家经过研究发现，成功的人有一个共同的特点，就是凡事喜欢往好的方面想，总是朝好的方面努力，任何时候都不放弃希望。人一生要经历许多挫折和打击，父母应该从小引导女孩养成开朗、乐观的性格，以积极的心态面对问题。

　　那么，父母怎么做，才能教出一个乐观的女孩呢？

　　心理学家赛利格曼教授认为，乐观主义者与悲观主义者最大的区别就是对有利的和不利的事情会给出不同的解释。乐观主义者认为有利的、令人快乐的事情是永久的、普遍的；他们会不遗余力地促使有利的事情发生，一旦出现不利的局面，他们也认为是暂时的、个别的。所以培养女孩乐观的性格，要从训练她的思维方式入手。

　　父母首先要教导女孩正确地认识自己，不要动不动就自我怀疑、自我否定。比如女孩数学没考好，她的心里可能会产生各种消极的想法："我的数学就是不行""我真是太笨了""不管我怎么努力，我在学习上就是没有天赋"。然而，事实果真如此吗？如果父母帮助女孩分析一下，很有可能会发现，女孩数学没考好并不是她太笨了，而是她花在数学上的时间太少了，抑或是她学习数学的方法有问题。当然，还有可能是女孩前段时间生病了，落下的功课没有及时补上。通过这样的分析，父母要让女孩明白，遇到问题要就事论事，不要胡乱联系，更不能自我否定。

　　心理学家萨利格曼教授提出一套让孩子变得乐观的"ABC训练法则"。A（Adversity）代表负面的、不好的事情；B（Belief）代表负面的事件发生时，内心悲观的想法（对不好的事情之所以发生的解释）；C（Consequence）代表负面事件的后果及负面的感受、行为等。

　　通常情况下，人们都以为是负面事件A导致了负面结果C。但实际上是悲观的想法（负面的解释）B，导致了负面结果C。因此，要想改变C，就要改变B，将悲观的想法（负面的解释）转变为乐观的信念。下面是一个8岁女孩的事例。

A（不好的事情）：今天是我的生日，妈妈和我请了很多小朋友来家里玩儿，吃完蛋糕后，有一些小朋友开始偷偷地小声讲话，我问他们在讲什么，他们也不肯告诉我。

B（悲观的想法）：他们这些笨蛋，今天是我的生日，他们还在小声地说我的坏话，我真后悔请他们来。

C（事件导致的后果）：我很生气，我问妈妈可不可以叫他们马上离开。

妈妈遵照"ABC 训练法则"，引导女孩尽量给出别的解释。女孩在思考了一会儿之后，有了新的想法。

B'（乐观的想法）：小伙伴们说悄悄话，是因为他们有礼物要送给我，因为想带给我一份惊喜，所以不让我听见。

C'（好的结果）：这样一想，我就不生气了，他们真是我的好朋友，我要和他们做一辈子的朋友。

由此可见，困扰女孩、让女孩感到不开心的其实是女孩的主观臆想和瞬间的起心动念。本来没有什么事，却自己瞎苦恼；本来是芝麻大的小事，却想得比西瓜还大。如果要用一句话来概括，就是"天下本无事，庸人自扰之"。

在《教出乐观的孩子》一书中，赛利格曼教授肯定了乐观是积极的性格因素之一，同时他也指出，乐观不是万能的灵丹妙药，它不能取代父母的教养，不能取代孩子的努力。乐观只是一件工具，如果父母能够引导女孩运用好这个工具，那么女孩的一生将会顺遂很多。

吸引力法则，让女孩遇见另一个自己

吸引力法则早在 20 世纪初就被美国的一些大师们所发现。在这个领域，不少声名显赫的成功学家、心理学家、思想家都有独到见解，比如查尔斯·哈尼、罗伯特·柯里尔、威廉·华特·阿特金森、华特·沃伦斯等。

吸引力法则，简单来说，就是在你的生命中，你会吸引到你所注意、关心、聚焦的东西。吸引力法则强调一个人的主观能动性，特别强调人的思想和信念对事件结果拥有决定性的影响。要想改变结果，就必须改变思想。

吸引力法则的基本原理是，人类所有的思维活动都会产生某种特定的频率，而这种频率就好比杜鹃用于求爱的信号、蝙蝠用来探路的超声波，它会吸引同样的频率，引发共振，从而将我们思维活动中所涉及的任何事物吸引到我们面前。就像物理学界认为任何有质量的物体都存在吸引力一样，人的思想也存在吸引力。

吸引力法则，说到底更注重对一个人思想的塑造，具有金钱意识的人往往更有钱，而具有贫穷意识的人总是引来贫穷；积极乐观的女孩，往往会吸引积极乐观的人，得到许多人的帮助；消极悲观的女孩，却往往会吸引消极悲观的人，导致什么事情都不顺利，陷入恶性循环。父母要想让女孩成为一个优秀的人，一生幸福快乐，首先应该让她拥有积极乐观的性格。一个女孩，只有真正相信自己能成为优秀的人，真正相信自己能幸福一生，她的梦想才会成真。

生活中有一个奇怪的现象，就是你越害怕什么，越会来什么。有句俗话说：预防盗贼的家庭，正是引来盗贼的家庭。

有一个妈妈，她的女儿从小体弱多病，因此她的精神长期处于一种紧张状态。如果天气晴朗、艳阳高照，她上班就会心不在焉，担心孩子会被晒着；如果天气突然变冷，她又担心孩子会被冻着；如果孩子某顿饭吃得少，她担心孩子饿着；如果孩子某顿饭稍微吃多了些，她又会一个劲儿地说："坏了坏了，她今天会不会积食？晚上会不会发烧？"她长期过着这种担惊受怕的日子，时时刻刻为孩子的身体担忧，结果孩子的身体真的不太好，正如她担心的那样——三天两头生病。

后来由于工作需要，这个妈妈迫不得已出差两个月，只好让爷爷奶奶来带孩子。结果在这两个月里，女孩天天活蹦乱跳，根本没有生病；可是两个月后，妈妈回来了，女孩生病的情况又发生了。

这个妈妈大为震惊，她经过认真反思，发现自己的注意力一直聚焦在孩子"生病"这件事情上。她强迫自己不再为孩子担忧，把注意力转移到别的地方。当她转变思维之后，奇迹发生了：女孩很少生病了。

父母不妨引导女孩遵循吸引力法则，在心里把渴望得到的东西想象出来。场景越清晰越具体，效果越好。这不是唯心主义，而是有一定科学道理的。人的创造有两次：一次是在头脑里，比如女孩很想在绘画比赛中获奖，可以先在脑海中想象一下获奖后的样子，除此之外，还应该缜密地思考一番：画一幅什么作品才能获奖？怎么去画？自己现在的绘画技艺还有哪些不足？如何缩小理想和现实之间的差距？把这一切都想清楚之后，就可以动手去画了。第二次创造是把头脑里想到的情景搬到现实中来，比如努力去画一幅令自己满意、能够获奖的作品。

总之，父母要让女孩懂得相信的力量，女孩要相信自己是"优秀的""美的""了不起的""独一无二的"。

有一个考上清华大学的女生分享了她高考成绩优异的秘诀，她说，其实没有什么秘诀，就是经常赞美和鼓励自己。她给老师和同学的印象永远都是面带微笑的，好像没有什么事情可以难倒她。对于这个阳光、自信的孩子，她的老师早就说过：你的未来一定无比美好，前途不可限量。

父母不妨引导女孩在脑海中勾勒一幅美好的愿景，起初可以是一个小任务、小目标，成功之后，就可以设置一个大任务、大目标。在女孩的脑海里，应该有一个更好的自己，那个更好的自己和现在的自己之间只隔着两个字：努力。

父母可以运用吸引力法则，培养女孩乐观向上的性格。父母要经常表扬、鼓励女孩，女孩也要时不时地对自己说一些鼓励和表扬的话，这样就可以共同创造一个强大的能量场，让女孩元气满满，活出全新的自己。

7

第七章 提升女孩的气质，让女孩光彩夺目

仪态万方，女孩站着不说话就很美

在学校组织的家校联席会上，有一个女孩引起了大家的注意。她虽然个子不高，但身材匀称，举手投足都给人一种赏心悦目的感觉，在一堆坐姿东倒西歪的学生中异常突出，给许多家长留下了深刻的印象。原来这个女孩的妈妈非常注意女孩的仪态，很严格地要求她坐有坐相、站有站相。女孩从小就养成了良好的习惯，走到哪里都是最引人注目的那一个。

为什么要注重女孩的仪态美？有的家长认为仪态已经是过时的东西了，现在应该崇尚自由，女孩怎么舒服、怎么自在就怎么来。其实无论时代如何发展，都应该注重女孩的仪态美。

仪态指的是人的仪容、姿态、举止、风度。不同国家、不同民族对不同社会阶层的人在仪态方面有不同的要求。仪态并不是过时的东西，在当今社会仍然是女孩自身素养的一个体现。正如人们常说的那样："良好的礼仪让美德焕发光彩。"

第一印象往往被心理学家称为刻板印象，具有首因效应和晕轮效应。在人际交往中，第一印象是非常重要的，女孩仪态不好，很容易给人留下不好的印象。两个教育背景、专业水平差不多的女孩去参加面试，一个坐姿端正、说话得体；另一个跷着二郎腿、弯腰弓背，在无法对她们有更多了解的情况下，面试官肯定倾向于录取仪态端庄、大方的那个女孩。

优雅的仪态体现了一个人良好的礼仪修养。仪态礼仪是社交礼仪之一种，包括坐、立、行等方面的礼仪。父母应该引导女孩从小就养成良好的礼仪习惯，做到"坐如钟、立如松、行如风"。坐的时候，要双脚着地，挺直后背，不摇头晃脑，不抖动身体；站的时候，要抬头挺胸，收紧肚子，双脚并拢，不驼背，不屈膝；行走的时候，要挺胸抬头，眼睛直视前方，肩膀放松，自然摆动双手，不要脚拖着地走。除此之外，女孩还要注意面部清爽，打扮得体，不浓妆艳抹，说话的时候要语气平和、表情自然、面带微笑。

好的习惯，不是一朝一夕养成的。孩子的仪态，很多来源于对父母的模仿。为了使女孩仪态优雅、举止得体，父母首先要给女孩树立良好的榜样。父母如果不注意自己的仪态，总是一副慵懒的模样，那么女孩也很难有良好的仪态。

此外，父母要注意电子产品对女孩仪态的影响。电子产品的快速发展，改变了人们的生活，也带来很多问题。在公交、地铁、商场、饭店等公共场所，我们经常可以看到女孩们拿着手机不停地刷屏；有的父母为了让女孩学英语或为了止住女孩的哭闹，让女孩无限制地使用智能手机、iPad 等电子产品。长期使用电子产品，不仅会损伤女孩的视力，而且会影响女孩的仪态，使女孩变得驼背、耸肩，长时间低头也容易使女孩出现颈椎受损、脊柱侧弯等问题，影响女孩的健康发育。尽管父母没有办法完全杜绝女孩对于电子产品的使用，但可以减少女孩使用电子产品的时间，让她们在看手机或者 iPad 的时候做到身姿端正，并且看一段时间就站起来活动活动筋骨。

美国博蒙特礼仪学校的创始人、著名的礼仪专家麦卡·迈耶曾经为儿童列过一张礼仪清单，父母可以借鉴一下，从小给女孩立好规矩，引导她做一个有教养、有气质、举止优雅的人。

1. 咀嚼时要闭着嘴，嘴里有食物时不要说话；
2. 大人正在说话时，不要打断；
3. 不要用手指头点来点去，要学会用手掌指示事物；
4. 不要对别人的外表发表评论，除非是表示赞美；
5. 用餐时，餐具的位置要放对；
6. 受邀参加聚会后记得写感谢信；
7. 不要将肘部撑在餐桌上支着下巴；
8. 要经常说"谢谢"；
9. 推门之前一定要敲门；
10. 别人和你说话时，一定要注视对方的眼睛。

性情温和，开口令人如沐春风

有的女孩相貌平平，也没有什么特别出色的本领，但就是非常招人喜欢，人缘特别好。仔细观察就会发现，她们有一个共同的特点，就是性情温和。

性情温和是内心强大的表现。性情温和的女孩做事不急不躁，跟人沟通时面带微笑、语言得体、语气平和，不会让人觉得冒冒失失、风风火火。性情温和的女孩善解人意，懂得尊重人、包容人。温和的性格使她们具有良好的人际关系，长大后在恋爱和婚姻中也容易获得幸福。

相反，性格过于急躁会带来一系列的问题，不但影响人际关系，而且也不利于自己的身体健康。一个 17 岁的女孩，因为脾气暴躁，与系主任在办公室里大吵了一架，结果女孩受到了退学的处分，还导致内分泌失调，患上了严重的抑郁症。

每个女孩天生具有独特的潜在品质，她将成为哪种人，完全取决于养育她长大的方式。那么，父母怎样做才能培养出一个性情温和的女孩呢？

一、父母要给予女孩足够多的爱

中国人民公安大学的李玫瑾教授说过，世上有两种人，一种性格暴躁，一种性格沉稳。她说性格暴躁的孩子，在幼年时期的抚养上一定是有亏欠的。通常来说，3 个月以前的婴儿不会翻身，父母一定要多抱、多触摸、多安抚他们。千万不要把婴儿往床上一放，觉得饿不着、冻不着就万事大吉了。只有得到父母爱的滋养，女孩的心灵才能丰盈、富足，内心才会变得强大。

二、父母要起到榜样的作用

父母是孩子的第一任老师，也是孩子一生的老师。父母的一言一行、一举一动，都影响着孩子的成长。为了给女孩做出好的榜样，父母要提高自身的修养，管控好自己的情绪。遇到事情不要慌乱，不要急躁，更不要歇斯底里、暴跳如雷，而是要心平气和地想办法解决问题。

香香是个性格温和的女孩，朋友们都向香香妈妈请教养育经验，香香妈妈说了这样一件事情。

有一天，香香妈妈一边在厨房炒菜，一边和客厅里6岁的香香说话，突然从客厅飞来了一件东西，直接落到了炒菜锅里，原来是香香的鞋子。香香显然也没预料到会发生这样的事，整个人都惊呆了。

面对这种情况，相信许多妈妈的做法是直接把孩子打一顿或者骂一顿，毕竟自己辛辛苦苦做好的一锅菜全毁了。香香妈妈却没有急，也没有恼，只是心里咯噔一下：孩子发脾气了。

她先是把火关上，然后走出去对香香说："你把鞋踢到锅里，锅里的菜全都不能吃了。"香香低下头没有说话。

妈妈又问她："你为什么要把鞋踢到锅里呢？"

香香说："因为你不让我看电视。"

妈妈说："看电视的事情我们可以再商量，可是你不能因为看不成电视就乱发脾气呀。"

香香小声说了一句："妈妈，你昨天也发脾气了呀。"香香妈妈马上意识到了自己的问题，向香香承认自己当时没有控制好情绪，并且与香香约定，以后再也不乱发脾气了，两人要互相监督，一起加油。

孩子的眼睛是雪亮的，父母的一举一动他们都瞧在眼里，记在心上。所以要想让女孩性格温和，父母首先要性格温和。在教育孩子这件事上，家长应遵循这样的原则："要孩子做到的，家长首先要做到；要孩子不做的，家长首先不做；家长做不到的，绝不强迫孩子做；孩子想做的，理性地引导孩子做。"

需要说明的是，性格温和不等于没有主见、没有原则，也不是一味地顺从、忍让，更不是懦弱和胆小。因此，父母在养育女孩的过程中，不要把女孩培养成温顺的小绵羊，无论对什么事情、对什么要求都点头说"是"，即便被人欺负也不敢反抗；相反，一个性格温和、内心强大的女孩，心中有强烈的是非观，知道什么是对的什么是错的，遇到问题时，能用积极、温和的态度去沟通解决，让事情向着好的方向发展。

爱笑的女孩运气不会太差

有这样一句话："爱笑的女孩运气不会太差。"为什么这么说呢？如果有两个女孩站在你面前，一个面带笑容，一个冷若冰霜，要你选择其中一人进行沟通交流或者合作的话，相信大多数人会选择面带笑容的女孩。爱笑的女孩就像一个小太阳，能够给周围的人带来温暖；而一个愁眉紧锁的女孩，天天板着脸、不开心，容易使生活越过越糟心，陷入恶性循环。

在《秘密》一书中，作者提出一个神奇的吸引力法则，大意是说，人的生活"实相"是由人自身的思想吸引来的。一个人总是想好的事情，好的事情就被吸引来了。

面部表情是一个人内心世界的投射，女孩爱笑，说明她的心态非常积极，即使碰到困难和挫折，她也不会被吓倒或击垮，而是会以一种积极乐观的态度去面对。她相信人生没有过不去的坎，冬天来了，春天就不会远了。有意思的是，女孩拥有什么样的思想，就会得到什么样的反馈。比如面对严师，心态正面、积极的女孩会认为"严格是大爱，纵容是大害"，认为严格要求是老师对学生负责任的表现，于是更加努力地学习，成绩突飞猛进；但是，心态负面、消极的女孩则认为老师故意和自己过不去，故意给自己穿小鞋，从而对老师产生偏见，影响该科目的学习。

一、爱笑的女孩往往有一颗大心脏

人生不可能一帆风顺，总会遇到一些挫折。不如意事十之八九，每个人都一样，没有谁比谁更容易，只有谁比谁更坚强。考试成绩一塌糊涂、跟同学发生矛盾、受到别人的误解、身体有恙、失去亲人……生活的考验接踵而至，面对一个又一个问题，爱笑的女孩往往会尽力调整好自己的心情，即使身处困境，即使在深夜痛哭，也不会一蹶不振。她们会在痛哭之后，笑着擦干眼泪。有的女孩却恰恰相反，遇到一丁点问题，脸上就会挂上厚厚的冰霜，让人不敢靠近。

有个女孩举办生日聚会，邀请了很多同学，结果有一个女生从头到尾都嘟着嘴，满脸不高兴。事后一问才知道，这个女同学出门的时候，妈妈没让她穿她挑选好的裙子，所以她生了一晚上的气。不但自己没能享受一个美好的夜晚，而且还破坏了聚会的气氛。这样不顾大局、不分场合地摆臭脸，很难被大家接纳和喜爱。很可能以后就没人愿意邀请她了。

二、爱笑的女孩，往往拥有良好的人际关系

在人际交往中，人们对于自己较为亲近的对象，往往更加乐于接近。亲近的对象，即我们俗称的"自己人"，大体上与我们有着某种共同之处或者相似之处。比如有共同的地缘关系、血缘关系，或者有共同的经历、兴趣、志向、思维模式、价值观、利益等。这种接近会使双方产生亲密感，进而促使双方进一步相互接近、相互体谅，这种效应在心理学上称为"亲和效应"。

提高亲和效应的技巧之一就是微笑，微笑就像橄榄枝一样，能够化解对方的敌意，能够迅速拉近彼此之间的距离。所以在人际交往中，爱笑的女孩更容易赢得他人的好感。因为微笑传递出的是善意，是对交往对象的肯定。同时，能让接近她的人被她的笑容所感染。

生活就像是在照镜子，当你对着生活微笑，生活也会对你绽放笑容。与其说我们希望女孩多笑一笑，不如说我们希望女孩积极、乐观地生活。微笑吧，可爱的女孩，你的笑，会让这个世界更明媚、更灿烂。

幽默是一种智慧

俄国作家契诃夫说："不懂得开玩笑的人是没有希望的人。"在生活中，有幽默感的人，走到哪里都会受到人们的欢迎。幽默是人类智慧开出的花朵，也是人际交往中的润滑剂。有时候一句幽默、诙谐的话，让人捧腹大笑的同时也受益匪浅。

幽默感是情商的重要组成部分，具有幽默感的人总会给周围的人带来欢乐，使人们的精神得到放松。人们常说，好看的皮囊千篇一律，有趣的灵魂万里挑一。幽默的人热情、开朗、睿智、可爱，人人都喜欢和幽默机智、风趣诙谐的人交往，而不愿与生活无趣、言语乏味的人交往。幽默传递快乐，是最好的见面礼，是友谊的黏合剂，在职场、情场都能起到积极的作用，所以父母不能忽视对女孩幽默感的培养。

小铃铛是个 5 岁的小女孩。有一次，爸爸出差回来，给她带回不少好吃的零食。看着小铃铛吃得有滋有味，爸爸不无感慨地说："我像你这么大的时候，可没有这么多零食。你现在吃的大杏仁，爸爸小时候压根儿就没吃过，你知道为什么吗？"

爸爸本来想借着这个机会好好教育一下小铃铛，让她懂得感恩父母、珍惜来之不易的幸福生活。谁知道小铃铛想了想，忽闪着大眼睛认真地对爸爸说："那是因为你小时候没长牙呀。"爸爸一愣，随即开怀大笑。

看得出来，这是一个开朗活泼、幽默风趣的女孩，在她的身上，洋溢着积极乐观的精神。这种宝贵的幽默感对其一生都会产生重要的影响。

著名作家周国平说："幽默是凡人而暂时具备了神的眼光，这眼光有解放心灵的作用。"那么，父母应该怎样培养女孩的幽默感呢？

一、提高女孩的认知能力

俗话说："幽默是智慧的闪光。"父母跟一个两岁的女孩谈幽默感，女孩根本听不懂，因为无论是语言表达能力还是思维能力，女孩都还没发育完全，不能很好地理解父母的意思。当女孩具有足够的认知能力时，才能理解什么是真正的幽默感。

二、为女孩提供愉快的成长环境

幽默既是一种生活态度，也是一种生活方式。女孩在轻松愉快的家庭环境中长大，耳濡目染，自然而然地就会用轻松愉快的眼光去看待世间万物，活得自在潇洒，这有利于女孩幽默感的形成。

三、父母要给予女孩足够多的爱与关怀

"幽默是心灵的微笑"。一般来说，孩子刚出生时不会说话，一个月以后会展露第一个笑容，四个月时会因为看到、听到的事物有趣而笑出声来，九个月时开始有了一些幽默感，比如破坏规则、乱扔东西会让他们觉得开心，躲猫猫这种消失又出现的游戏会让他们觉得好玩。顽皮是童年的智慧，也是幽默感的萌芽。在女孩的成长过程中，如果一直有父母的爱与关怀相伴随，那么她成为一个具有幽默感的人的可能性就很大。

幽默是一种思维方式。父母要想培养女孩的幽默感，就要教导女孩乐观、宽容地面对世界。女孩如果总是悲悲戚戚，怨天尤人，小肚鸡肠，天天算计这个算计那个，那她根本不可能乐观地看待这个世界，也不可能懂得幽默的精髓。

父母在培养女孩的幽默感时，必须明确地告诉她要注意哪些事项。最重要的一点，父母要让女孩牢记，幽默不是嘲笑和讽刺，不能伤害和侮辱他人。有些女孩因为年纪小，分不清是非，把握不好尺度，往往以嘲笑别人身体的缺陷为乐，这样的语言和行为就不是幽默，而是没有礼貌、没有教养的表现。

每个人生来都有幽默的因子，父母如果能够给女孩创造良好的成长环境，给予女孩正确的引导和鼓励，把女孩培养成为一个有幽默感的人，那么她将来不仅事业更容易获得成功，生活也会更幸福。

教女孩学会放弃

许多家长不理解，一直以来，我们的教育倡导的都是教孩子要坚持，因为坚持才会看到希望，为什么现在又要教孩子学会放弃呢？

一、放弃需要智慧

世上好东西太多，我们不能贪婪到什么都想得到。就算我们想得到，也是痴人说梦。所以，几乎每时每刻，我们都面临着选择。选择了 A，就意味着放弃 BCDEF……举个简单的例子，我们每天出门都要穿衣服，面对衣柜里琳琅满目的衣服，我们必须做出取舍。因为我们不可能把所有漂亮的衣服都穿在身上，也不可能夏天穿着冬天的棉袄，冬天穿着夏天的裙子。

俗话说"退一步海阔天空"。在波涛汹涌的海上，面对狂风暴雨，我们要像船长那样，把笨重的货物扔掉，以减轻船的重量，赢得生存下去的机会。第二次世界大战中，敦刻尔克大撤退，为英国保留下一大批经过战争考验、具有丰富战斗经验的官兵，这些人成为英国继续顽强抗击法西斯侵略、坚持斗争直至取得最后胜利的最珍贵的有生力量。

"舍得"二字给我们的启发是：有舍才有得。放弃该放弃的，才有机会遇到更好的。在人生的每个十字路口，所谓的放弃，往往是在洞悉全局之后做出的具有战略意义的睿智选择。

著名女作家毕淑敏在其人生中有两次重要的抉择，一次是在 1988 年，她成了一名心理学研究生。经过几年的刻苦学习，眼看离拿到心理学博士学位的日子越来越近，但是令人感到意外和不解的是，在最后的关键时刻，即 2003 年 7 月，毕淑敏考虑再三，果断放弃了博士学位。

当有人问她为什么这么做时，毕淑敏回答说："如果要拿博士学位就必须考外语、写论文。我已经年过 50 了，没有时间再专门应对考试，而且论文与文学作品的写作风格不一样，思维训练也不一样，一个几十万字的心理学博士论文写下来，我可能就不会写小说了。"

放弃了博士学位之后，她在北京四环外开设了一家心理咨询中心，结果超负荷的工作让她根本没有时间写作。经过一番权衡之后，最终她放弃了心理咨询，继续从事她最喜爱的写作事业，这也是她人生中第二个重要的选择。在接下来的岁月里，毕淑敏迎来了她创作上的井喷期，创作了很多有分量、脍炙人口的作品。

放弃并不一定代表着失败，很多时候，放弃恰恰是成功的开始，是经过慎重选择之后主动做出的决定，是重新出发的起点。

对于女孩来说，面对名目繁多的补习班，要学会取舍。钢琴、绘画、书法、舞蹈、围棋、跆拳道……报那么多兴趣班，真的好吗？就算家里有钱，可是你有时间吗？父母希望女孩全面发展，心情可以理解，但是，现实问题是女孩疲惫地奔波在去各种兴趣班的路上，葬送了快乐的童年。因此在兴趣班这件事上，父母要有定力，不要看到别人家的孩子学什么，就让自己的孩子学什么。对于孩子不感兴趣的兴趣班，一定要果断地放弃。

二、放弃需要勇气

对于不合适的友谊，女孩也要学会放弃。哈佛大学心理学教授、儿童行为专家罗伯特·艾尔曼根据儿童友谊的发展趋势，将其分为五个级别。也就是说，儿童的友谊也是分等级的，而且越长大越"认真"。

3~6岁是零级友谊，这个阶段的孩子只有自我意识，日常情绪、行为瞬息万变，不擅长成为可靠的朋友；

5~9岁是一级友谊，这个阶段的孩子，把朋友仅仅定义为能给自己带来好处的人；

7~12岁是二级友谊，孩子在交友中开始注重公平、互惠，当他为朋友做了一件事之后，就希望朋友也为自己做一件事。如果希望落空，友谊的小船说翻就翻；

8~15岁是三级友谊，这个阶段的孩子，愿意帮助朋友解决遇到的麻烦，愿意与朋友分享自己私密的想法和感受；

16 岁以后是四级友谊，人们到了这个阶段，已懂得重视与朋友的情感联系，珍惜这种深厚、亲密的关系。

依依是个可爱的小女孩，性情温和、乖巧懂事，在幼儿园很受老师和小朋友的喜欢。依依有个小秘密，就是她喜欢班里的小男孩东东。平日里，东东和依依经常在一起玩儿。过了一阵子，东东突然不跟依依一块玩了，而是跟另一个小女孩小燕玩儿，还说喜欢小燕。依依觉得非常失落、委屈，回到家中扑进妈妈怀里大哭了一场。

这件事看起来无足轻重，其实并不是一件小事，而是女孩未来如何面对友谊或者情感问题的一次"演练"。如果家长引导得好，依依长大以后面对类似的问题时，就会处理得比较得体；如果家长引导得不好，会对依依以后的感情生活造成不好的影响。妈妈把依依抱在怀里，耐心地开导她："强扭的瓜不甜，有些事情强求不来。"妈妈劝依依放下这件事情，不要太难过。妈妈还告诉依依，她一定会遇到更好的朋友。在那段时间，妈妈密切注意观察依依的情绪变化，尽量转移她的注意力，依依很快就将这件事抛诸脑后了。

放弃并不是一件简单的事，它是需要勇气的。对于那些不属于自己的东西，不管多么好，多么爱，都要放弃。对于那些伤害自己的东西，放弃意味着解脱。就像人们说的："不合适的鞋子，就不要硬穿了，磨的是自己的脚。"

女孩要学会坚持，但也要学会放弃。要根据自己的判断，做出正确的选择。记住，感性的人生是悲剧，理性的人生是喜剧。女孩要拿得起，放得下，看得开。一念放下，万般自在。

腹有诗书气自华

阅读有诸多好处，可以提高女孩的理解能力、想象能力、写作能力、自学能力……爱读书的女孩，在书中见识了不同的世界，跟人打交道的时候就不会畏首畏尾。爱读书的女孩自带一种超凡脱俗的气质，这种气质是靠华丽的衣服和名贵的首饰装扮不出来的。

阅读还可以陶冶女孩的情操，培根说："读书足以怡情，足以博采，足以长才。"歌德说："读一切的好书，就是和许多高尚的人说话。"高尔基说："读书越多，精神就愈健壮而勇敢。"书中有巾帼不让须眉的花木兰，有孜孜不倦地钻研学问的居里夫人，有英勇就义的女侠秋瑾……她们的故事，使女孩的思想得到升华，心灵得到净化。从鲁迅的檄文中，女孩能读出做人的风骨；从陶渊明的田园诗中，女孩能嗅到清新的气息。毫不夸张地说，一本好书，可以影响女孩的一生。

父母应该怎样引导女孩养成热爱阅读的好习惯呢？

一、营造良好的阅读环境和氛围

父母带着女孩去图书馆看书与带着女孩去逛商场，女孩的所见所闻、所思所想是不一样的。在商场，女孩看到的是漂亮的衣服、精美的玩具、令人垂涎的美食；在图书馆，她看到的是浩如烟海的图书、全神贯注地看书的大人和小朋友。尤其是当她打开一本喜欢的图书，就像在一间黑暗的屋子里打开一扇窗一样，看到的是一个广阔而明亮的世界，那种满足感、愉悦感是美食、游戏等无法替代的。父母要尽量多带女孩去图书馆、书店，在家里要尽量为女孩开辟一个读书角，从小培养她对阅读的兴趣。

二、阅读贵在有恒

在大力倡导全民阅读，努力营造书香中国的今天，每年世界读书日前后，都会兴起一股读书热。有些父母一激动，就兴冲冲地给女孩买回一大堆书，但是没过几天，激情退去，女孩就松懈了，父母也松懈了，买的书或堆在角落或束之高阁，任其落满灰尘，无人问津。这些父母也许不知道，阅读不是"三天打鱼，两天晒网"，而是一个日积月累、聚沙成塔的过程。所以，在读书这件事上，无论父母还是女孩都不要着急、不要气馁。读书犹如淘金，"千淘万漉虽辛苦，吹尽狂沙始到金"。

小暖很小的时候，妈妈就给她买了许多绘本，和她一起进行亲子阅读。家里堆了满满一书架的绘本，小暖还没上小学，就已经认识了很多汉字。上小学之后，小暖又开始对课外阅读感兴趣，包括历史、地理、古诗等。虽然读了许多书，但小暖的成绩并不出众，亲戚、朋友"好心"地提醒她的父母："快别让孩子看那么多课外书了，还是让她专心学习吧。"小暖的妈妈只是淡淡一笑，不解释，不争辩。到了中学的时候，小暖突然发力，不管是知识广度还是对知识的理解深度，都甩同学一大截，成绩遥遥领先，后来还考上了国内一流的大学。

阅读是一个长期的过程，作为父母，千万不能急功近利，而是需要有"久久为功，利在长远"的智慧和坚守，以滴水穿石的精神，重视对女孩阅读兴趣与阅读能力的培养，让其终身受益。

三、采取正确的亲子阅读方式

父母需要注意的是，阅读是一件美好的事情，应该把亲子阅读当作联系父母与女孩感情的桥梁，而不要让女孩觉得阅读就是为了让她认字。认字和阅读是两码事，如果一味地追求让女孩多识字，女孩不仅享受不到阅读的乐趣，反而有可能对阅读丧失兴趣。

另外，父母不要动不动就考察女孩看书的成果。书是用来读的，不是用来应付检查、验收的。当女孩读完一本书之后，父母一遍又一遍地问："告诉妈妈，你学到了什么？""告诉爸爸，你有什么感想？"时间长了，女孩就会觉得厌烦，甚至惧怕父母的提问。父母本来是要培养女孩的阅读兴趣，最后反而干扰了女孩的阅读体验。

当女孩还是孩童的时候，父母应该如何引导她读书？请父母们记住以下10条忠告。

1. 千万不要让孩子只看漫画书；

2. 在读书这件事上，千万不要拿自己的孩子跟别人家的孩子进行比较；

3. 千万不要让孩子只看知识性读物；

4. 千万不要流行什么就让孩子看什么；

5. 千万不要让孩子只读和课本无关的书；

6. 千万不要迷恋任何一份书单；

7. 千万不要逼迫孩子只读父母挑选的书；

8. 千万不要让孩子只在学校的阅读课上才读书；

9. 千万不要把阅读当作一项作业布置给孩子；

10. 千万不要把阅读目的等同于写出好作文。

三毛说："读书多了，容颜自然改变，许多时候，自己可能以为许多看过的书籍都成了过眼云烟，不复记忆，其实它们仍是潜在的。在气质里，在谈吐上，在胸襟的无涯，当然也可能显露在生活和文字里。"

爱读书的女孩，内心坚定、自信，生活态度积极、乐观，自成一道美丽的风景。

提升女孩的艺术气质

马云曾经说过："不让孩子去体验，不让他们去尝试艺术，我可以保证，30 年后孩子将找不到工作，因为他没有办法竞争过机器。"这话不一定百分之百正确，却充分说明了艺术教育的重要性。艺术教育，指的是培养孩子感受艺术、鉴赏艺术、创造艺术的能力的教育。艺术教育是美育的重要组成部分。

人的一生中，总有一些苦闷，仅靠知识是无法排遣的，更是金钱无法解决的。艺术教育可以塑造和唤醒女孩的美感，陶冶女孩的情操，帮助女孩养成高尚纯洁之人格，焕发生命的活力。天上的一朵流云、地上的一株小草、远处的一座高山、山涧的一湾溪水，即使是最普通的事物，如果用心观察，也能发现它的美。女孩拥有了一双发现美的眼睛，就能随时随地感知世界的美好。

艺术教育可以激发女孩的想象力和创造力。艺术侧重于直觉，不受那么多条条框框的限制。在接受艺术教育的过程中，女孩可以天马行空地进行想象和创造。

艺术教育的好处还有很多，艺术家徐斌曾对他的学生说："在教与学的过程中，通过对每一件作品细微处的体会，通过交换感受的点滴小事，我们从一个粗糙的人变成一个精致的人，一个训练有素、懂得工作方法的人，懂得在整体与局部的关系中明察秋毫的人，使学生具备从事任何领域都必须具备的一种素质：一种穿透、容纳、消化各类文化现象的能力以及执行的能力——最终解决的是作为一个人的水平问题，所以我希望你们，不管将来是不是搞艺术，在任何领域都应该是出色的、有创造力的。"

父母可以从以下几方面入手，培养女孩的艺术修养，提升女孩的艺术气质。

一、多陪女孩接触大自然

父母要想提升女孩的艺术素养和气质，可以经常带女孩到大自然里走走看看。大自然是一个天然的艺术家，在大自然里，有鬼斧神工的美术作品，有浑然天成的音乐作品，同时许多名胜古迹、人文景观也让人叹为观止。《小音乐家杨科》中的小主人公就对自然发出的声音十分着迷。让女孩多接触大自然，在湖光山色中感受天地之大美，有益于陶冶其活泼敏锐之性灵。

二、根据女孩的喜好，培养一两项艺术特长

一个叫婷婷的小女孩，每次上钢琴课时，都会心不在焉地望着对面的舞蹈教室。有一次，舞蹈教室的女孩们走出来，婷婷还流露出羡慕的神情。

老师猜到了婷婷的心思，便试探着问她："你喜欢弹钢琴吗？"

婷婷轻声说："不喜欢。"

老师又问："那你喜欢什么呢？"

婷婷说："我喜欢跳舞。"

这一下，老师终于知道婷婷为什么经常对着舞蹈教室发呆了。老师向婷婷的妈妈反映了这个情况，婷婷的妈妈却毫不在意地说："跳舞哪有弹钢琴好？小孩子啥也不懂，不要管她。"在妈妈的坚持下，婷婷继续学习弹钢琴，但是她对弹钢琴没有丝毫的热爱。

后来，婷婷参加了工作，领到第一个月的工资，她就立即报了一个舞蹈班。像是在了却自己的一桩心愿，又像是在补偿什么。

培养女孩的艺术特长，有利于提升女孩的艺术素养和气质，但是父母必须要做到了解女孩，知道她的兴趣所在，尊重她的选择，激发她的潜能，而不是把自己的意愿强加给她。父母应该记住，教育的本质不是传授知识和技能，而是"一棵树摇动另一棵树，一朵云追逐另一朵云，一个灵魂唤醒另一个灵魂"。

三、多带女孩参加艺术活动

我曾经见过一对家住县城的父母，每个月都带着还在上幼儿园的女儿驱车几百公里来到市里，听一场儿童音乐会，看一场儿童话剧。每一次的汽油费、住宿费、餐饮费算下来都是一笔不小的数目。这件事情，他们坚持了好几年。当旁人问及"为什么要这么做"的时候，女孩的父母回答说，女儿没有别的爱好，就喜欢看话剧、听音乐会。他们住在小县城里，没有机会观看高水平的演出，所以就每个月开车到市里，让女儿多接受高雅艺术的熏陶。

在家庭经济条件允许的情况下，父母可以多带女孩参加一些艺术活动，比如带她到美术馆看画展，到博物馆看出土文物展，到剧院听音乐会，看话剧、舞剧、歌剧、音乐剧的表演，开阔女孩的眼界，让她近距离地感受艺术的魅力。女孩参加的艺术活动多了，对艺术的感知力、鉴赏力、表现力自然就会得到提升，整个人的精神状态、品位、格局也会不一样，就会自带艺术气质，从灵魂深处散发出一种独特的美。

《捕捉儿童敏感期》一书中提到，成人的气质是由儿童时期的审美趣味导致的，童年的审美奠定了人一生的审美倾向和生活品质。女孩如果在童年时期接触过美好的事物，接受过良好的艺术教育，那么她长大后不管去到哪里、经历什么事情，心里都有一团可以取暖的火。

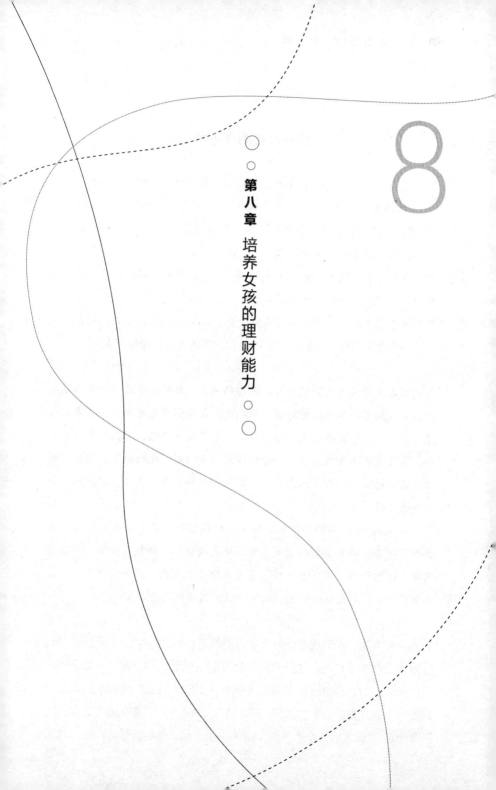

第八章　培养女孩的理财能力

8

富养女孩的真正含义

"女孩一定要富养,要不长大以后,人家给个棒棒糖就把她哄走了。"

"我也知道女孩要富养,但是家里的经济条件不允许啊。"

"有钱就富养,没钱就穷养,怎么养都是养。"

在如何富养女孩这个问题上,许多家长都有误解。比如认为穷养的女孩没有见识,长大后容易上当受骗;或者认为家里有钱,才有条件富养女孩,家里没有钱,就只能穷养。

我想说,是穷养女孩还是富养女孩,其实跟钱没有太大的关系。富养女孩不是指物质上的娇纵,养尊处优的生活反而可能毁掉女孩。

日本女作家森茉莉就是一个典型的例子。她的父亲森鸥外是与夏目漱石齐名的文学泰斗,他对自己的小女儿森茉莉宠爱有加,家里布置得像城堡,把森茉莉当公主一样娇惯。上学有专车接送,佣人给她打水洗脸,洗头也需要佣人服侍。她小时候看的童话书、吃的糖果、用的颜料都是最好的,一切都无比奢华,森茉莉由此养成了一生都改不掉的生活奢侈的习惯。

森茉莉18岁那年,父亲去世了,已经结婚生子的森茉莉在婚姻上出现了问题,她不会打扫卫生、不会洗衣做饭、不会裁剪缝纫、不会照顾孩子,但她仍然像从前一样,喜欢买奢华的东西、过奢侈的生活。最终她经历了两次失败的婚姻,成了一位穷困潦倒的老太太。

富养女孩,并不是要给她公主般的待遇、豪门的背景、华丽的服饰,这些东西都是外在的,往往会随着世事的变迁而烟消云散。森茉莉离开了父亲的庇护,再也没有能力过上富贵的生活。真正的富养,是让女孩成为一个自尊自爱、独立坚强、有思想有内涵、有智慧有能力的人。洛克菲勒说:"能带给一个人一生幸福的不是金钱,而是完整的人格、强大的内心、精神上的富足和良好的生活习惯。"

富养女孩，对父母来说其实是一种考验。考验其遇到突发状况时的应变能力，任务繁重时的抗压能力，情绪不好时的控制能力，与人相处时的包容能力……父母的生活态度和掌控命运的能力体现在生活的点点滴滴之中。父母勤劳、善良、坚强、乐观，一家人和和睦睦、其乐融融，即使家里的经济条件一般，也可以培养出积极向上、自尊自爱的女孩。

富养女孩，不应该只停留在物质层面。富养女孩，养的是高尚的品格、独立的人格、自信乐观的性格、深厚的内涵、开阔的眼界、良好的气质……《男孩穷养，女孩富养》一书中说，富养女孩，并非惯养女孩，而是要在物质上开阔其视野，精神上丰富其思想。所以富养女孩的"富"，主要不是指物质上的富有，而是指精神上的富足。随着人们生活水平的提高，一般家庭都能满足女孩基本的物质需求，容易忽视的是其精神上的需求。

富养女孩，爱和管教缺一不可。在现实生活中，父母在养育女孩时容易走向两个极端：一个是对女孩过于宠爱、溺爱，缺乏管教。女孩无论做什么都是好的、对的，即使女孩做得不好，也能找到为其开脱的理由，比如女孩考试考砸了，是因为试题太难；老师批评了女孩，是因为老师太苛刻；女孩跟同学发生冲突，是因为同学不讲道理……在这种无原则的溺爱中长大的女孩，会出现以自我为中心、飞扬跋扈等问题。另一个极端是过度管教，不管出现什么问题，父母都让女孩从自身找原因；不管大事小事，父母不问缘由，先劈头盖脸地对女孩进行一通批评教育。时间久了，女孩就会产生自卑心理、抵触心理。有自卑心理的，会变得胆小、懦弱；有抵触心理的，会变得一身戾气。父母应该把爱和管教结合起来，让女孩既沐浴着爱的阳光成长，同时也要懂规矩，知进退，明礼守法，知道什么事该做、什么事不该做。

富养女孩不是娇惯女孩，该吃的苦还得让女孩去吃，该受的挫折还得让她去受。只有吃过苦、摔过跟头，女孩才知道以后遇到类似问题时该如何应对，而不是躲在父母的羽翼下，由父母全权代劳。俄国作家屠格涅夫说："你想成为幸福的人吗？那么首先要学会吃苦。能吃苦的人，一切的不幸都可以忍受，天下没有跳不出的困境。"所以即使家财万贯，父母也应该从小培养女孩的吃苦精神和抗挫折能力，这样女孩在长大后才不会因为稍有变故就被打倒。

美国前总统奥巴马曾经给女儿写过"17条建议"，非常值得想要富养女孩的父母们借鉴。

1. 停止怀疑自己；

2. 停止消极；

3. 停止拖延；

4. 不刻薄；

5. 不在外面吃饭；

6. 不偷懒；

7. 停止抱怨；

8. 不那么自私；

9. 停止浪费时间；

10. 别随便做出承诺；

11. 不做老好人；

12. 不听讨厌的人说话；

13. 停止浪费；

14. 不乱扔垃圾；

15. 别把任何事太放在心上；

16. 该闭嘴时闭嘴；

17. 停下来，深呼吸。

让女孩了解财富的来源

兰兰的家离幼儿园有两站地的距离，每天早上，兰兰都得坐公交车去上幼儿园。她看到住在幼儿园附近的小伙伴都不用坐车，就问妈妈：

"为什么我们不在幼儿园附近买一套房子呢？"

妈妈告诉她："买一套房子，需要很多很多钱。"

兰兰觉得奇怪："需要钱的话，到银行的 ATM 机去取不就行了吗？"

女孩小的时候，根本不知道钱是从哪里来的。在她看来，银行里面的钱是取之不尽用之不竭的。想花钱的时候，尽管去取就可以了。她不知道，每一分钱都是父母用辛勤的劳动挣来的，银行里的钱并不是自己想花多少就可以取多少，而是你存进去多少才可以取多少。

许多父母纠结该不该跟女孩谈钱，担心过早地让她接触金钱，会使女孩变成一个庸俗的"拜金女"。其实金钱并不是洪水猛兽，越是在女孩小的时候，父母越要正确地引导她树立正确的金钱观。

《富爸爸，穷爸爸》一书的作者罗伯特·清崎说："如果你不教孩子金钱的知识，将来会有其他人取代你。这个人是谁？也许是债主，也许是奸商，也许是警察，也许是骗子。"

有这样一则新闻，一个 10 岁的女孩喜欢唱歌跳舞，妈妈就把手机拿给孩子玩儿。妈妈要用钱的时候，才发觉孩子将手机里的 6000 元打赏给了网络女主播。当记者问孩子在妈妈的手机上玩什么游戏时，孩子说，没玩游戏，就是听女主播唱唱歌。问她有没有花钱，孩子摇摇头说，没有。原来孩子只知道买币充值送礼物，却不知道这些"币"其实是用钱买的。

一、父母要让女孩尽早了解等价交换的概念

在女孩小的时候，父母就应该向她解释清楚金钱的概念、货币的起源。说到金钱和财富，就要提到物品的交换。在人类早期，人们食不果腹、衣不蔽体，每天都挣扎在死亡的边缘，根本没有多余的物品储存下来。随着生产力的提高，有些物品偶尔出现了剩余，也就出现了个别的、偶然的物物交换。发展到后来，物品交换成了常态，比如人们可以用自己种出来的谷物、蔬菜、水果等农副产品，去交换手杖、鱼钩、竹筐等

手工艺品。再后来，交换越来越频繁，然而因为受到交换时间和空间的限制，有时候一次交换根本不能满足人们的需要，于是货币就产生了。

二、父母要让女孩明白，金钱并不是凭空得来的

父母必须告诉女孩，金钱并不是凭空得来的。要想有钱，就得拿东西去交换。这个用于交换的东西，也许是劳动，也许是时间，也许是脑子里的创意和发明。这样女孩就会明白金钱的概念，而不是对金钱一无所知。同时女孩也会明白，如果自己想拥有财富，就不得不付出体力劳动或脑力劳动。

有的父母会跟女孩说："如果我们不去上班，哪有钱给你买好吃的、好玩的？"结果，等到某一天父母由于身体不适或者别的原因没有去上班时，女孩就会说："快去上班吧，不去上班就没钱给我买好东西了。"听到这样的话，父母肯定觉得特别扎心，但是这种情况是谁造成的呢？是父母一手造成的，怨不得别人。当父母一次又一次地强调"我们上班就是为了你，我们这么辛苦地挣钱都是为了你"时，女孩就会把向父母索取金钱和财物，当作是理所应当的事情。她不知道，每个人活在这世上都有应该承担的责任和义务，无一例外。父母尽早地让女孩了解钱是从哪里来的，有助于引导她树立正确的金钱观、人生观，让她懂得感恩、懂得付出、懂得承担自己应尽的责任和义务。

有些父母会向女孩灌输这样的理念："我们吃苦受罪还不都是为了你？我们挣的钱，以后都是你的。"父母这么对女孩说，也许是在向女孩表达拳拳爱子意、殷殷父母心，结果却很容易使女孩产生不劳而获的心理。

有一个真实的故事，讲的是一对夫妇离婚了，留下一个 15 岁的女孩，跟着爷爷奶奶生活。离婚时，夫妻双方明确商定房子归孩子所有，并且给她留下 40 万元现金。爷爷奶奶、外公外婆也将若干存款转至女孩名下，这些全走了法律程序，女孩自己也非常清楚。平时女孩要什么，爷爷奶奶都会竭尽全力去满足，对她百般迁就。

有一天，女孩拿着巨额存单去外面抵押了一笔现金当零花钱。家人得知后十分震惊，女孩却振振有词："你们不是说这些钱早晚都是我的吗？那我现在用有什么不可以啊？"

家长不教女孩怎么挣钱、存钱、花钱，不让女孩明白金钱来之不易、用之有道，即使给女孩再多的钱，也会被她挥霍一空。因此在女孩小的时候，父母一定要帮助她树立正确的金钱观念、财富观念。

父母除了要让女孩知道金钱是从哪里来的之外，更应该教育女孩自立自强，用自己的能力去赚钱，而不是像寄生虫一样，依附于别人，妄想着不劳而获。

父母的金钱观对女孩的影响

教育家默尔克说，金钱教育是人生的必修课，是儿童教育的重心所在，就如同金钱是家庭的重心所在一样。当一个孩子在各方面的教育都很好，却缺少了金钱教育，孩子未来可能会因为不懂理性花费而让自己的人生陷入困境。

金钱教育实际上是教导女孩正确地认识和了解金钱，理解金钱和人的关系。从本质上说，金钱教育是一种幸福教育，女孩的金钱观会影响其一生的幸福程度。

一、父母首先要有正确的金钱观

有的父母花钱大手大脚，住店要住五星级酒店，吃饭要下好的馆子，穿衣服要穿名牌，背的包动辄成千上万，花大价钱买来的东西不喜欢就扔掉……女孩看在眼里，记在心上，在父母的影响下，渐渐养成了奢侈浪费、挥霍无度的习惯，不懂得勤俭节约，不懂得尊重他人的劳动成果，自私自利，唯我独尊。还有一些父母，一辈子勤劳节俭，即使收入可观也舍不得吃、舍不得穿，这样的做法其实也不可取。

一个念中学的女孩，她的家境很好，父亲是一家工厂的老板，资产过亿，但对女孩要求极其严格，每次女孩上完舞蹈课，他只给女孩5块钱。女孩跳完舞以后，经常是大汗淋漓、口干舌燥，要是拿这5块钱去买水喝，就没有钱再买吃的了。所以每次下课后，当同学们相约着一起去吃东西时，女孩总是推脱不去。开始的时候，还有同学把吃的分给她，后来女孩觉得不好意思，一下课就独自躲得远远的，或者一个人先行离开。

女孩心里非常苦闷，不仅仅是这5块钱的事，生活中还有许多类似的事情，让女孩觉得父亲在金钱方面非常小气，甚至一度怀疑自己不是亲生的。后来她才知道，父亲小时候家境贫寒，吃了很多苦才取得今天的成就，在父亲的内心深处始终有一种不满足、不安全的感觉，总是担心大手大脚就会把钱花光。

父母与女孩朝夕相处，父母的金钱观会在不知不觉中投射到女孩身上，让女孩在无意识中沿袭父母的思维模式和行为模式。所以要想帮助女孩树立正确的金钱观，父母首先要树立正确的金钱观，既不奢侈浪费，也不小气吝啬。

二、不要把金钱作为支配或安抚女孩的手段

有些父母由于工作忙碌，长期不在家，便把女孩丢给长辈或者保姆照顾，为了弥补心中的亏欠，便给女孩很多零花钱；有的父母为了让女孩听话，每当女孩哭闹时，就给她买昂贵的零食、玩具、衣服，用物质上的有求必应，换取片刻的清静。

虽然金钱可以买来很多东西，但是买不来爱。女孩需要金钱，但她更需要父母的陪伴。父母长期无条件地满足女孩的物质需求，就会让她产生一种错误的金钱观，觉得钱来得太容易了，哭一哭，闹一闹，钱就来了。一旦女孩养成花钱大手大脚的习惯，想要改掉就没那么容易了。

三、父母要教导女孩合理消费

每个家庭的经济状况不一样，有的家庭富裕，有的家庭贫穷，家财

万贯和一贫如洗的家庭毕竟是少数，大部分家庭都是普通家庭。为了不使女孩耽于享乐、误入歧途，父母要从小教导女孩合理消费、量入为出。

如果家产千万以上，那么给女孩买一条昂贵的裙子无可厚非，因为家庭可以承担；如果家境普通的话，几十块钱的裙子也一样可以穿。父母要根据家庭的实际情况，合理地进行消费。在消费的过程中，可以让女孩适当地参与决策，发表意见，让她学会精打细算、理性消费。

不懂得合理消费的人不仅会焦虑，还会引发家庭矛盾，有的女孩甚至深陷网贷陷阱，付出生命的代价。父母的金钱观会影响女孩的未来，不可掉以轻心。

教女孩学会存钱

在中国，每到逢年过节，孩子们往往会得到压岁钱，少的几百几千，多的几万。父母觉得女孩年纪太小，不放心把钱交给她保管，所以大部分家庭都由父母代管女孩的压岁钱。不过，女孩的钱跟父母的钱混在一起，时间一长，也就成为家庭共有财产了。其实要想将父母的钱和女孩的钱分开，有一个很好的办法，就是给女孩在银行开设一个储蓄账户。

给女孩开设储蓄账户，目的是让她认识到存钱的重要性。积累财富有两大途径：一个是开源，一个是节流。女孩年纪尚小，在开源方面能力不足，但是可以学习如何节流，并将节省下来的钱存到银行。存钱从短期来看，可以培养女孩不乱花钱的习惯；从长期来看，能提高女孩的独立意识和自主能力，为她以后的生活打下坚实的基础。

在荷兰，孩子出生后，父母就会给他们办理银行卡，或是制订一些长期的理财计划；到孩子五六岁的时候，父母就会教他们使用网络银行，和他们共同探讨理财计划。在英国，5~7 岁的儿童要懂得金钱的不同来源，懂得钱有多种用途；7~11 岁的孩子要学习管理自己的金钱，要认识到储蓄对满足未来需求的作用；大多数银行都会为 16 岁以下的青少年开设特别账户。

美国著名的教育学家戈弗雷在谈到储蓄时说，孩子可以把自己的零花钱放在三个罐子里：第一个罐子里的钱用于日常开销，用来在超市和商店购买生活必需品；第二个罐子里的钱用于短期储蓄，为购买较昂贵的物品积攒资金；第三个罐子里的钱则长期存在银行里。父母们可以借鉴戈弗雷的储蓄建议，将女孩的零花钱分成三份，将其中的一部分存到银行。

叶子小的时候，一从父母那里得到硬币，就塞到自己的储蓄罐里，储蓄罐满了就换一个大的，后来家里积攒了好几个装满硬币的大储蓄罐。父母无比欣慰，觉得叶子从不乱花钱，对女儿很放心。

等她大一点之后，父母开始每个月给叶子一些零花钱。有一天，叶子问妈妈能不能预支下个月的零花钱，妈妈这才发现，叶子迷上了精美的文具。文具店只要来了款式好看的新货，不管自己的文具是不是太多了，叶子都会买、买、买。

存钱并不是一件容易的事情。女孩小的时候之所以会乖乖地将钱存到储蓄罐里，是因为她还没有发现自己的兴趣所在，还不太懂得消费的乐趣。等她长大一点，可能就会想要可爱的娃娃、精美的文具、可口的零食、漂亮的首饰，有的女孩甚至喜欢充值玩游戏。

当存钱和兴趣相冲突时，女孩受年龄的限制，缺乏足够的自律性和克制能力，往往会选择更符合短期利益的行为，那就是花钱。所以，从女孩能不能存下钱这件事，也能看出女孩的意志力和延迟满足能力究竟怎么样。这个时候，父母要做的事情就是帮助女孩制订存钱计划，比如设定一个小目标。

叶子想去外地旅行，父母便鼓励她写下愿望清单，将其贴到床头。当她想要花钱时，就会想起自己的愿望清单，于是根据制定的存钱小目标，对手头的钱进行合理的支配，比如哪些钱可以存起来，哪些钱用作零花钱。

父母给女孩开设了储蓄账户、办理了银行卡之后，一定要尽到监管的职责，绝对不能撒手不管。

杭州曾经出现过一个真实的事件，卢女士给9岁的女儿办了一张银行卡，定期往里面打钱。有一天，当卢女士给卡里存钱时，发现本该有3万多的余额，结果只剩下1万多了。卢女士到银行查了交易明细才发现，女儿这几个月一直在玩游戏，把卡里的钱用来买游戏装备了。

卢女士给女儿办银行卡，本意是想教导女儿怎么跟钱打交道，让她从小学习理财知识，树立正确的金钱观，结果钱被挪用去玩游戏了，这就完全违背了卢女士的初衷，也辜负了她的一片苦心。所以父母给女孩办了银行卡之后，不能从此放任不管，应该继续跟进，定期关注账户的动态。

在教导女孩学习存钱的过程中，出现问题并不可怕，父母不必因噎废食。并不是父母不给女孩零花钱，这个问题就可以避免。出现问题，父母不要着急，而是要抓住这个教育契机，好好与女孩进行沟通，了解她真正的想法，找到问题所在，对症下药。同时要有一些惩罚措施，比如半年或一年不再给女孩零花钱，或者修改银行卡密码，让女孩学会为自己的行为承担后果。

教女孩学会精打细算

在生活中我们发现，不少家长抱着"再苦也不能苦孩子"的思想，对女孩提出的要求无条件满足。他们认为现在生活条件好了，为什么不让女孩过得舒服一点呢？所以从衣服到文具，只挑贵的买，出门不是开车就是打车，时间久了，很容易使女孩养成好吃懒做、花钱大手大脚的毛病。

江苏某地曾经在开学伊始举办过一个主题为"我的文具我做主"的活动。社区工作人员通过多媒体设备，将22种经常用到的文具集中在一个虚拟的文化用品超市中，要求孩子们在10分钟内购买8件文具，总价格不能超过 50 元。在这 8 件文具中，必须包括三种必备的学习用具：铅笔、橡皮、三角尺。

很多孩子平时对金钱没有什么概念，很少留意商品的价格，通过这次活动，他们学会了怎么考虑商品的性价比以及如何做到量入为出。

这个活动颇值得父母们思考和借鉴。父母们在平时可以给女孩一些钱，让她去超市学着购物，或者和女孩一起列一张购物清单，让她知道，家庭生活用品的开销大致在什么范围。女孩从小就懂得精打细算，长大后肯定能成为过日子的好手。

一、教女孩学会精打细算，她才会更爱惜物品

为了让女孩知道如何支配金钱，做到爱惜物品，不乱花钱，父母应该引导女孩学会精打细算。

慧慧是家里的掌上明珠，无论是爷爷奶奶还是外公外婆，经常给她零花钱，动不动就给她买零食、买玩具。家里堆满了亲戚送的各种玩具。有时候，慧慧自己也会花钱买玩具。

玩具多了之后，慧慧就不爱惜了。有个玩偶只是脏了一点儿，慧慧就把它扔进了垃圾桶，还理直气壮地说："再买一个新的吧。"然后花 200 块钱买了一个一模一样的新玩偶。

父母知道后非常惊讶，不知道女儿什么时候养成了不爱惜物品、大手大脚的习惯。玩偶脏了，清洗一下可以接着再玩，随随便便扔掉实在是太浪费了。父母跟慧慧认真地谈了一次，动之以情，晓之以理，终于让慧慧明白了，家里的每一分钱都是父母辛辛苦苦赚来的，不是风吹来的，也不是天上掉下来的。随便扔掉东西，是不尊重、不珍惜父母的辛勤劳动和付出。况且谁也不知道明天会发生什么，精打细算才能减少不必要的开支，具备抗风险的能力。经过父母的教育，慧慧认识到了自己的错误。

二、父母可以教女孩记账

刚开始的时候，父母可以帮助女孩确定一个目标，比如购买一双名贵的球鞋、完成一次向往已久的旅行等。为了实现这个目标，父母可以鼓励女孩每月将零花钱的一半或者 1/3 存起来。在记账的过程中，账本可以很清晰地反映出女孩存了多少钱、花了多少钱、钱都花到哪里去了。最初的时候，女孩可能会出现超支的情况，但是渐渐地她就会明白，如果大手大脚，几天就把零花钱花完了，不仅存不下钱，愿望实现不了，而且下半个月就没有钱花了。这种真切的生活体验，比什么说教都管用。以后她再花钱的时候，就会精打细算了。

三、父母可以教女孩做预算

俗话说："吃不穷，喝不穷，打算不到一世穷。"教女孩做预算，能使她学会有计划地消费。父母可以教导女孩运用 50/20/30 法则做个人预算管理。即将固定费用的总额控制在收入的 50% 以内，将 20% 的收入分配在一些对未来有保障的项目上，将 30% 的收入分配在一些比较自由的开销上。对于女孩来说，收入主要来源于父母给的零用钱、亲戚朋友给的压岁钱等等，50% 的钱可用于购买文具或者其他生活用品，20% 的钱可以考虑把它存到储蓄账户之中，30% 的钱可用于灵活开销。

记账和做预算，并不是光记录下来就没事了。女孩还应该做到回顾和分析，看看哪些钱其实是不值得花的。父母切记不要以账本为依据对女孩大肆批评，比如数落她："谁像你这样大手大脚！""你不知道爸妈挣钱多辛苦吗？你还这么花钱如流水！"父母如果经常拿着账本否定和打击女孩，只会让女孩下意识地对记账这一行为产生抵触心理，从此再也不肯记账，或者不让父母看账本，不让父母知道自己的消费去向。

需要说明的是，让女孩精打细算，不是不让女孩花钱。有的女孩矫枉过正，走入了理财的误区：早饭舍不得吃，文具舍不得买，千方百计想省下每一分钱存起来。还有的女孩为了买到最便宜的商品，不惜从城东走到城西。虽然省了几块钱，却浪费了时间，可谓"捡了芝麻丢了西瓜"，这种行为也是不可取的。精打细算是为了让女孩学会合理地驾驭金钱，是为了让她能够一辈子过上好日子，而不是让她变得抠门、小气。女孩花钱不能大手大脚，但也不能过分节俭。

教女孩学会理性消费

新学期刚开学，点点从学校回来后，就向妈妈哭闹着要一双新球鞋。妈妈经过询问才知道，点点的同桌穿了一双名牌球鞋，非常漂亮，点点羡慕不已，这才向父母索要一双新鞋。

女儿从什么时候开始崇尚名牌了？妈妈一边安抚女儿，一边自我反思。原来，妈妈每次去接女儿或去学校参加活动，都会有意无意地看看其他同学的穿着打扮。这个同学穿的衣服是哪个牌子的，那个同学穿的鞋子是哪个牌子的，妈妈都会品评一番。在这个过程中，点点也受到了影响，变得像妈妈一样，特别在意服装的品牌。

虽然孩子还不懂得什么是虚荣和攀比，但内心已经种下了虚荣、攀比的种子，这与父母潜移默化的教育有着很大的关系。女孩一旦产生攀比心理，原本正常的人生观、价值观就会扭曲。严重的还会产生嫉妒、仇恨等负面情绪。

一、父母要引导女孩克服盲目攀比的心理

英国哲学家培根说，虚荣的人被智者所轻视，被阿谀者所崇拜，而为自己的虚荣所奴役。很多人崇尚名牌，追求高消费，不切实际地盲目攀比，只不过是为了满足一时的虚荣心。一旦虚荣心得不到满足，就会自卑、压抑、愤怒，导致心理失衡，或者陷入痛苦之中不能自拔，或者不择手段地想改变现状。女孩正处于学知识、学本领的阶段，不要把时间和精力浪费在盲目攀比这种无意义的事情上。名牌服饰并不能让一个人变得尊贵，用父母挣来的钱去买名牌行头不算什么本事，让自己变得

更优秀才是本事。

二、父母要教女孩养成良好的消费习惯

父母要让女孩弄清楚"需要"和"想要"的区别，坚守以下几条消费原则。

1. 去商场购物之前，列好购物清单；
2. 不买超出自己消费能力的东西；
3. 不因为贪图便宜而买一堆没用的东西；
4. 勤俭节约，不随意浪费。

女孩能不能做到理性消费，关键不在于花钱的那一刹那，而在于平时。如果能在平时养成良好的消费习惯，那么女孩在消费的时候自然能够进行理性的思考，不会因为贪图享乐或一时冲动而盲目消费。

三、父母要教导女孩勤俭节约

有的父母可能会说："我家经济条件好，根本没啥顾虑。孩子想怎么花钱就怎么花，没关系。"殊不知，理性消费是一种理念，跟有钱没钱无关。父母要让女孩认识到，没钱要节俭，有钱也不能浪费。不管家里有钱没钱，都应该理性消费。

英国有一个普通女孩凯莉，16 岁时幸运地中了 1700 万彩票，她开始大手大脚地花钱，买房子、买跑车、整容、文身、购物……由于她出手阔绰，所以身边聚集了一大批酒肉朋友。如此疯狂的生活，不可避免地使她遭遇了很多背叛和欺骗，最后丈夫也离开了她。年轻的凯莉成了一位单亲妈妈，逐渐厌倦了生活，感到非常绝望。她曾经两度试图自杀，幸好被家人及时发现，抢救过来。破产之后，32 岁的凯莉反思自己的人生，认为自己中彩票时年龄太小了，缺乏基本的知识储备和眼界、见识，不仅不知道如何驾驭金钱，而且对自己的人生也没有合理的规划。

由此可见，女孩不懂得理性消费，即使手中有再多的金钱，也可能挥霍一空，最终穷困潦倒。

四、父母要对女孩耐心引导

父母在教导女孩理性消费的过程中，要根据实际情况耐心引导。如果女孩暂时不能理解，父母要有足够的耐心，千万不要对她责备和打骂。

我的一位同事给她的女儿买了大量历史、地理、文学类书籍，可女孩就是不爱看。女孩喜欢看《游戏王》之类的漫画书，为此我的同事非常生气，她对女孩吼道："那种书有什么好看的，看了能有什么收获？"

每次孩子想要买她喜欢的书，妈妈都不让买。女孩也挺倔强，偏要买，母女俩为此闹得很不开心。结果是妈妈坚决不给女儿买游戏类漫画书，女儿也不好好看妈妈给她买的书。

后来妈妈上了一次家教培训课，转变了育儿理念，带女儿去书店，专门买了一本《游戏王》。回家之后女儿特别高兴，抱着这本书爱不释手。

这个妈妈后来不无感慨地说："孩子的想法跟大人的想法是不一样的。大人做事情，非要觉得有意义才去做。在孩子看来，开心、快乐的事情就是有意义的事情。"从那以后，女孩也很喜欢看妈妈买的书，两人的关系十分融洽。

父母在教育女孩的过程中，不要一上来就责备或者打骂她，只要女孩不听话、不顺从自己，就认为她是无理取闹。父母这样做只会让女孩越来越叛逆。引导女孩理性消费，本来是为她好，打骂她却可能适得其反，导致女孩花钱越来越没有节制。

金钱在人们的生活中起着非常重要的作用。人的一生，都很难与金钱脱离关系。金钱是一把双刃剑，用好了，会使人生锦上添花；用不好，会使人生雪上加霜。父母应该在女孩小的时候就引导她树立正确的金钱观，让她学会理性消费。这样女孩在长大以后，就不会为金钱所困，也不会被它牵着鼻子走，在金钱中迷失自我。

女子爱财，取之有道

芳芳上小学二年级，有一天晚上，妈妈在检查芳芳的书包时，发现她的铅笔盒里多了 10 块钱。平时家里给芳芳的零花钱，都不让她带到学校，妈妈便问芳芳这 10 块钱是从哪里来的。芳芳开始的时候吞吞吐吐，还不愿意说，最后在妈妈的询问下，终于说了实话。

芳芳在班里担任纪律委员，有时候会帮老师检查同学们的作业。芳芳的同桌是个男孩，平时调皮捣蛋，不爱写作业。有一次他的语文作业没有完成，被芳芳检查出来了。男孩对芳芳说："如果你不告诉老师，我就给你 10 块钱。"芳芳后来没有告诉老师，同桌就给了她 10 块钱。妈妈听了感到十分震惊，但还是努力控制住情绪，没有在脸上表露出来，而是与芳芳做了一次耐心的长谈，让芳芳认识到了这种做法是极其错误的，危害很大。

女孩由于年纪小，许多时候分辨不清是非；即使能分辨是非，她们抵抗诱惑的能力也非常弱，很容易犯错误。芳芳妈妈的做法就很好，通过教育让女孩认识到"君子爱财，取之有道"，从此远离不义之财。

金钱的确是个好东西，有了钱，你能买到吃的、穿的、用的；有了钱，你可以周游世界；有了钱，你可以去做许多自己想做的事情。金钱虽然大有用处，但是要用辛勤的劳动去换取，通过正当的方式去获得。如果采用歪门邪道，从小的方面来说，不符合社会道德规范，德行有亏，被人诟病；从大的方面来说，很有可能触犯国家的法律法规，受到应有的惩罚。这些道理，父母一定要对女孩讲清楚。

一、父母要教育女孩树立正确的人生观和价值观

在这个物欲横流的社会，女孩身边充斥着各种稀缺、珍奇的奢侈品，也就充满了各种各样的诱惑。只要有钱，就能把这些高档商品买回家。有些居心不良的人就利用这一点，拿金钱来诱骗女孩出卖青春和尊严。女孩要是习惯了不劳而获、习惯了安逸享受、习惯了以不正当的方式获

得金钱，她就不愿意再过普通的生活，也根本承受不了工作的压力和辛苦，她就会被金钱蒙住眼睛，在错误的道路上越走越远。所以父母一定要让女孩从小树立正确的金钱观，用辛勤的劳动和汗水去创造财富，获得报酬。

二、父母要教育女孩以正当的方式获得金钱

有一句话叫"小时偷针，大时偷金"。如果孩子以错误的方式获得金钱，父母不仅不批评教育，反而默许、包庇，就会毁掉孩子的一生。

《芒山盗临刑》讲了这样一个发人深省的故事：从前有个小孩，他到别人家去偷东西，回来后妈妈不仅没有责骂他，还问他怎么没有被人发现。孩子把经过讲了一遍，妈妈一个劲儿地夸孩子聪明。原本错误的偷盗行为，却得到了妈妈的夸奖，孩子分不清对错，从此一发不可收拾。

一天天过去了，孩子渐渐长大了，他做了小偷，以偷盗为生。在一次偷盗中，他被抓住了，这次他没有被饶恕，而是被判了死刑。

在临死之前，他提了个要求：要像儿时一样，再吃一口妈妈的奶。在妈妈给他喂奶的时候，他却一口将妈妈的乳头给咬掉了。顿时血流满地，妈妈失血而死。行刑的人问他为何如此狠毒，小偷说："我小的时候，偷来一颗菜、一根柴，我妈看见了，不仅不责备，反而还很高兴，致使我分不清对错，不能约束自己的行为，落得今天的下场。我恨她。"

女孩小的时候还没有偷盗的概念，甚至有时候分辨不清偷和拿的区别。父母应该承担起监护人应尽的责任，当发现孩子在行为上有不好的苗头时，一定要将其扼杀在萌芽时期。否则，一旦酿成大祸，后悔莫及。

三、父母要教育女孩不贪图小便宜

场景一：随着物价上涨，水果的价格也越来越高，有的妈妈既想让孩子吃水果，又不想花钱买，于是就带着孩子去超市的水果试吃处免费吃。

场景二：商场里有供儿童乘坐的游览小火车，家长想让孩子乘坐，

又不想花钱，就趁工作人员不注意，偷偷把孩子放进游览小火车里。

场景三：家长带孩子去菜市场买菜，见到稍微发黄的菜叶，家长都要剥掉，只买中间鲜嫩的菜心。

类似的情景在生活中随处可见，这些家长看起来好像是占了便宜，殊不知，他们吃的是大亏，因为他们毁掉了孩子的未来。孩子就像一张白纸，教什么就画什么。如果家长贪小便宜，孩子也会学着贪小便宜；孩子学会了贪小便宜，格局就会越来越小，做事只贪图蝇头小利，注定成不了大器。

君子爱财，取之有道。每个人都喜欢钱，但是真正聪明的人懂得哪些钱能要，哪些钱不能要。女孩也一样，要学会用正当的方式去赚钱，切莫贪图小便宜。用正当手段得来的钱，花得才踏实。

谨防女孩变成"拜金女"

拜金主义主张金钱就是一切，认为钱是万能的，时时想着钱，事事为了钱，为了得到钱可以不择手段。在现实生活中，我们看到有些人为了钱，或夫妻反目，或骨肉相残，甚至践踏法律去偷去抢。在他们眼中，金钱就是一切，什么道德、法律、亲情、良知，全都可以置之脑后。一个金钱至上、唯利是图的人，终其一生都很难得到真正的幸福。

拜金主义在富裕家庭和贫困家庭都可能发生。在富裕家庭，女孩更容易看到金钱带来的好处，那就是优裕的生活环境、良好的物质条件。由于很多父母错误地理解了富养女孩的含义，于是用金钱堆出一个"小公主"，吃要吃最好的，穿要穿最好的，过分注重物质生活。这类女孩盲目崇拜金钱，把金钱的价值看作最高价值，一味地贪图享受，为了过上锦衣玉食的生活，甚至会不择手段。穷苦家庭的孩子则容易自卑，由于内心缺乏安全感，往往会用金钱和物质来填补内心缺失的部分。

很多父母喜欢用金钱对女孩进行激励："期末考试考了100分，就带你去旅游。""你把这件事做好了，零花钱翻倍。"这样做的后果是，当有金钱奖励时，女孩会动力十足；当没有金钱奖励时，女孩就会对一切都提不起兴致。当女孩眼里只有金钱，对其他美好的事物都视而不见，考虑任何事情都从利益的角度出发时，一切就都变了味儿。

在贫困家庭，有的父母平日里会长吁短叹："要是有钱就好了，有钱就什么都解决了。"时间长了，女孩就认为金钱是万能的，金钱能解决一切问题。要想改变目前的处境，只有想尽一切办法去获取金钱。于是，有些女孩为了利益，竟不惜出卖自己。

拜金其实还有另外一副面孔，就是吝啬。即使有钱也舍不得吃、舍不得穿，拼命地追逐金钱，疯狂地积累财富。

木棉的妈妈出生在农村，家境不是很好，从小饱尝生活的艰辛，尽管后来生活条件变好了，家里有钱了，可她还是非常节俭。

有一次母亲节，8岁的小木棉想给妈妈一份惊喜，就从自己的存钱罐里拿了20元零花钱，给妈妈买了一束康乃馨。当小木棉捧着康乃馨走向妈妈时，却受到了妈妈的呵斥："为什么要乱花钱？你知道妈妈挣钱有多难吗？"听了妈妈的训斥，木棉觉得很委屈，一下子哭了起来。

木棉的妈妈也愣住了，她不知道自己为什么会发那么大的火，其实以现在的经济条件，每天买一束花也没有问题，但木棉的妈妈总是很焦虑，担心万一哪天没有钱了怎么办，活得没有一点安全感。

并不是所有的拜金主义者都花钱大手大脚，没有节制，拜金主义的另一种表现是将钱看得太重，过分节俭。

巴尔扎克的小说《人间喜剧》里有一个经典的吝啬鬼形象——欧也妮·葛朗台。他性格中最突出的特点就是无限的贪欲和极端的吝啬，他活在世上唯一的愿望就是追逐金钱、积累金钱，他生活中最大的乐趣就是玩弄金钱。贪得无厌的拜金主义，使得他已经不再是一个有感情、有温度的人，而是一个只在乎钱的、冷冰冰的怪物。

对于年幼的女孩来说，她们的金钱大部分来源于父母，所以也就不存在不择手段获取金钱的问题。在谨防她们拜金方面，更应该注重的是盲目攀比。父母首先要不拜金，不虚荣，不去理会别人家的孩子穿什么品牌的衣服、用什么样的文具、在哪个培训机构上辅导班、假期去哪里旅游，等等。如果父母具有正确的金钱观，那么在父母的言传身教下，女孩也不会跟人攀比，更不会趋炎附势。

父母在教育女孩之前，要先审视一下自己的金钱观念和财富观念，既不否认，也不夸大金钱在生活中的作用。父母的财富逻辑清晰、正确了，才能更好地教育女孩。否则连父母都左右摇摆，女孩就更无所适从了。

父母应该告诉女孩，幸福和金钱之间不存在必然的联系。研究者曾经在某高校做过一项问卷调查，结果显示，只有 10% 的人认为幸福与金钱有直接关系，有钱就幸福，没钱就悲催。大部分人的金钱观是正确的，既不鄙视金钱，也不崇拜金钱。

幸福既是一种生活状态，也是一种来自内心的感受。只有金钱没有爱，这样的生活不可能真正幸福；只有金钱没有道德，这样的生活不可能长久。在一个相亲节目中，有个女孩说，宁愿坐在宝马车里哭，也不坐在自行车后座上笑。这是一种天真的想法，她可能没想过，很多傍大款的女孩，最后都没有好下场。钱不是万能的，钱买不回青春，买不来健康，买不到真爱。虽然金钱与幸福之间有一定的关系，但是没有必然的联系，千万不要把金钱和幸福画上等号。

泰戈尔说："鸟翼上系上黄金，鸟就飞不起来了。"父母要引导女孩做自由、幸福的鸟儿，不被金钱所束缚。

9

第九章 培养女孩的社交能力

教导女孩遵守基本的社交礼仪

在一次培训课上，培训老师要求所有的学员围成一个小圈，席地而坐，进行讨论。其中有一个女孩，穿着裙子，两腿分开坐在地上，形象十分不雅。坐在她对面的学员觉得非常不好意思，眼睛都不知道往哪里看。后来经过培训老师的提醒，那个女孩才知道双腿并拢坐好，但从那时起，许多学员都在背地里议论这个女孩连最起码的坐姿都不懂，更别提什么礼仪了。

礼仪是一种待人接物的行为规范，是人们约定俗成的对他人表示尊重的交际方式，是一个人思想道德水平和文化修养的外在表现。古人曰："礼者，敬人也。"礼仪的核心是尊重。人人都有自尊心，人人都想获得别人的尊重，因此女孩在人际交往的过程中，一定要注意自己在说话做事时有没有顾及他人的自尊。只有尊重他人，才能获得他人的尊重。心理学家约翰格特曼经过研究发现，懂礼节的孩子身心更加健康，更关心他人，更富有同情心，朋友更多，学习成绩也更好。因此，父母要引导女孩掌握基本的礼仪，懂礼仪的女孩走到哪里都会受到欢迎。

那么，父母应该引导女孩注意哪些礼仪呢？

一、父母要教导女孩保持良好的仪容仪表

在人际交往中，女孩要想第一眼就给对方留下一个好印象，就应该具有良好的仪容仪表。比如保持体态优美，面部清爽，穿着得体，注意个人卫生，做到勤洗澡、勤换衣、勤剪指甲，身上不能有异味。女孩如果蓬头垢面，衣着邋遢，人人都会厌恶，避之唯恐不及。女孩保持良好的仪容仪表，不仅是对别人的尊重，也是对自己的尊重。

二、父母要教导女孩言谈举止得体

女孩要学会真诚地对人说"请""对不起""谢谢""再见"等礼貌

用语；早上起来，要问候爸爸妈妈；在学校遇到老师和同学要微笑着打招呼，让对方感受到你的热情，给大家留下良好的印象；与人交谈时，要看着对方的眼睛，如果女孩天生害羞，可以做一些眼神交流的练习，做到与人交谈时落落大方，而不是扭扭捏捏显得小家子气；走路时要面朝前方，抬头挺胸，大步朝前，不要弯腰驼背、左右摇摆；坐着时要姿势端正，双腿并拢，而不是东倒西歪，让人看了就皱眉头；捡东西或者穿鞋的时候，要轻轻蹲下去，不要弯腰、撅屁股；打电话时要放低声音，不要旁若无人地扯着嗓子大喊大叫，诸如此类。

三、父母要教导女孩遵守餐桌礼仪

女孩不要用手抓东西吃，不要只挑自己喜欢的菜品吃，不要用筷子在饭菜里扒拉来扒拉去，不要狼吞虎咽，吃东西时尽量不要发出声音，不要嘴里含着食物与人说话，用餐时应该让长辈先动筷子，如果长辈给自己夹菜，应该向长辈道谢，剔牙时要用手遮住嘴，不要饭没吃完就随意离开餐桌。

许多父母非常宠爱女孩，把女孩惯得没有样子。每当吃饭的时候，总是拣好吃的给女孩吃，时间长了，女孩不仅容易养成挑食的毛病，还会觉得父母这么做是理所当然。即使到了外面，女孩一时半会儿也改变不了这个习惯。聚会时来了好多亲朋好友，女孩却不管不顾，只把好吃的菜品往自己面前转，甚至还会拿起筷子，在一盘菜里翻来翻去，专挑自己爱吃的菜吃，把自己不爱吃的留给别人，这其实是一种非常失礼的行为。父母一旦发现女孩出现这样的苗头，应该立即严厉地制止，教给女孩正确的餐桌礼仪。

四、父母要教导女孩遵守公共礼仪

父母要教导女孩在公共场所不大声喧哗，不嬉戏打闹；在外面玩耍时要遵守规则，不争、不抢、不插队。比如只有一个滑梯，但是却有好几个小朋友在玩儿，那么大家都要耐心地排队，如果只顾自己，一个人霸占着滑梯玩儿，那就破坏了游戏规则，会引起其他人的不满。在电影院、图书馆、剧院等场合，要保持安静，不要来回走动，以免打扰别人。如果要打喷嚏或者咳嗽，应该转过身低下头，用餐巾纸或者手帕掩住口鼻。

女孩的礼仪教养，就藏在父母平时潜移默化的教育中。只要父母以身作则，树立良好的家风，女孩肯定会模仿父母的一言一行，做到知礼守礼。

不要给女孩贴"害羞"的标签

春节的时候，妈妈带着6岁的悠悠回了一趟老家，亲朋好友欢聚一堂，看到可爱的悠悠，纷纷过来逗她。悠悠却躲在妈妈的身后，不管亲戚朋友怎么跟她说话，怎么拿玩具、礼物逗她，她始终低着头，不发一言。爸爸妈妈让她向长辈问好，她也拽着妈妈的衣角不吭声。最后，妈妈只好尴尬地对亲戚朋友们说："这孩子从小就害羞。"

在生活中，我们经常会看到这样的情况：孩子躲在幼儿园的角落里，不与别的小朋友玩儿；孩子不敢上台唱歌、讲故事；孩子不敢独自跟着老师上辅导课。家长一说起这事，就一脸无奈地忍不住摇头叹息："太害羞了，我们家的孩子太害羞了。"事实果真如此吗？

害羞是一种不好意思、难为情，是一种害怕的心理，担心自己的缺点会暴露出来，让人看不起。许多女孩被贴上"害羞"的标签，时间长了，就会产生自卑心理。专家们经过调查发现，天生害羞的孩子仅占人群的15%-20%，大部分孩子的"害羞"心理是在成长过程中逐渐形成的。因此，父母在教育女孩时，必须找出女孩害羞背后的真正原因，对症下药，帮她撕掉"害羞"的标签。

一、许多女孩并不是害羞，而是慢热

这些女孩跟人接触或初到一个陌生的环境时，喜欢先观察，并且喜欢按照自己的节奏行事。在她们真正决定融入新环境之前，别人的主动和热情只会让她们后退。这种慢热型性格，跟害羞没有关系，所以父母

不要动不动就给女孩贴上"害羞"的标签。一旦武断地给女孩贴上这样的标签，女孩得到消极的心理暗示，很可能会故步自封，遇到问题或困难就往后退缩："我不敢，我害羞。"人对新环境、新事物、新关系的接纳有快有慢，对于慢热型女孩，父母要耐心地在时间和空间上给她一个适应过程。

这里推荐一个方法：对于慢热型女孩，父母可以预先给她找一个年纪相仿的小伙伴，在跟小伙伴玩耍的过程中，女孩会逐渐建立起自信和安全感，然后积极地适应陌生的环境，不再犹疑、观望、排斥。

二、女孩与其他小朋友交流、互动得少，导致女孩过分羞怯

许多父母因为工作忙碌，把女孩交给老人或者保姆照顾，女孩长期待在家中，每天见到的就是那么几个人、那么几张脸，缺少与他人互动、交流的机会。一旦被家人带出去，骤然来到一个陌生的环境中，见到一群陌生人，女孩就会非常不适应。由于平时缺乏锻炼，她不知道怎么与人打招呼，也不知道怎么融入新的群体中。采取防御状态是最安全的，于是女孩就会表现得不自在、不适应。父母没有体察到女孩内心真实的感受，把女孩的这种不适应当成了害羞。其实女孩并不是害羞，而是缺少社交方面的历练。只要让女孩多与同龄的小朋友玩耍，多接触外面的世界，当她对不同的场景和人际关系有了更多的了解，这个问题很快就能迎刃而解。

三、父母对女孩的过度保护，导致女孩过分羞怯

有些自称"女儿奴"的父母，把女孩当成掌心里的宝，对女孩过度保护。女孩衣来伸手，饭来张口；夏天出门，父母担心她被太阳晒着，冬天出门，父母担心她被风吹着；即使女孩上了小学、中学，父母也会因为心疼她而帮助女孩写作业，或者到学校帮她做值日。以这样的方式养育出来的女孩，就像温室里的花朵，经不起一点风吹雨打。正因为她什么都不会，缺乏自理能力，所以面对问题时往往会害怕、退缩，表现得很"害羞"。这样的女孩，被剥夺了独立成长的机会，别说基本的生

存技能了，就连一些生活常识都没有。为避免把女孩养废，父母应该大胆放手，培养女孩独立自主的能力。当女孩勇于面对问题，能够独立解决问题，心中充满自信和勇气时，所谓的"害羞"自然也就不复存在了。

当然，如果女孩天生内向、害羞，那也没有关系。害羞只是一种性格特征，不是缺点。相比较而言，害羞的女孩更加安静、更能察觉到别人的需求，父母可以鼓励女孩大胆地说出内心的想法，多与他人进行互动，多向他人展示自己的优点，不要强化她害羞的特点。总之，父母不要轻易给女孩贴上"害羞"的标签，即使她真的具有害羞的性格，也不能给她下这样的定义。

帮助女孩建立自己的朋友圈

人是社会性动物，不仅大人有社交需求，孩子也有社交需求。但是在现实生活中，我们往往看到有些女孩不知道如何与人交往。除了因为她们生性腼腆，或者在某个社交情境中有过不愉快的经历之外，其实很大一部分原因来自家庭的影响。

由于父母的教养方式不当，女孩从小处于相对闭塞的环境，缺乏与同伴交往的经历，导致女孩的社交能力不强。比如有的父母平时就不爱交际，喜欢"宅"在家里，女孩也就没有太多的机会与人进行社交互动；有的女孩从小缺少父母的陪伴，习惯于自己待着，于是不善于跟人打交道；有的父母过于宠溺女孩，女孩习惯于以自我为中心，很难做到关心他人，也就难以建立正常的人际关系。

有数据表明，影响一个人成功的因素很多，智商、学识、经验等只占15%，社交能力和人际关系却占85%。为了让女孩将来有更大的生存和发展空间，父母要从小培养女孩的社交能力。多为她创造条件，引导她走出家庭，融入学校和社会，与更多的人打交道。

女孩跟比自己大的孩子交往，能够学会尊重和服从；跟比自己小的孩子交往，能够学会包容和照顾他人；跟比自己强的孩子在一起，可以学到对方身上的一些优点；跟比自己弱的孩子在一起，可以提升自信心和领导力。所以，作为父母，从小就应该鼓励女孩多与他人交往，建立自己的朋友圈，提升女孩的社交能力。

一、要提升女孩的社交能力，父母首先要注意自己的人际关系

言传不如身教，父母说再多也是纸上谈兵，不如付诸行动。女孩年龄越小，可塑性越强。只要父母善于引导，定能看到女孩在社交方面的可喜变化。比如，父母可以多与邻居、朋友进行互动，周末一起吃个饭、逛逛街、看看演出，朋友过生日时赠送礼物，邻居有困难时热心帮助，诸如此类。在这个过程中，女孩看到大人之间良好的交往模式，切身感受到人与人之间相互照耀的美好，自然就会无意识地模仿父母，从中学会分享、互助以及交友的技巧。

二、父母要为女孩营造一个开放的环境

有的父母因为担心女孩被拐骗，所以经常会叮嘱女孩："不要跟陌生人说话。""小心骗子把你拐走。"这种吓唬式的警告其实是一柄双刃剑，虽然有利于女孩安全意识的提高，但同时也会在女孩心里埋下恐惧的种子，导致女孩害怕跟陌生人交往，对社交存在一定的恐惧心理。

虽说女孩单独外出时，确实需要记住父母的告诫，不要随便跟陌生人说话，不要随便吃陌生人给的东西，但女孩与父母一起出行时，就不必那么胆小、敏感。比如去菜市场买菜，父母可以把钱交给女孩，让她去付钱；逛书店时，父母可以让女孩去向营业员询问自己感兴趣的书籍的信息；去银行办理业务时，父母可以让女孩到排号机前请大堂经理帮忙取号……当然，这些社交训练都需要在父母的视线之内。父母要在女孩身边细心观察，当好监护人。

父母交给女孩一些简单的任务，在安全范围内让她与陌生人接触，通常情况下，女孩会因为表现出色而得到夸奖。这种来自陌生人的正向反馈，会大大增强女孩的自信心，无形中扫清了女孩与他人交往的障碍。

三、父母要鼓励女孩参加各种活动，学会处理各种矛盾

除了学校组织的活动之外，父母还可以鼓励女孩多参加一些课外活动，这是交朋友的好机会，比如带孩子积极参加社会公益活动，或者鼓励孩子学习跆拳道、游泳、舞蹈、绘画、唱歌等技能。如果女孩与伙伴们有共同的兴趣爱好，经常一起参加活动，那么他们就有了共同的话题，也会有更强的认同感，这将有利于友谊的建立。

当然，在参加活动的过程中，由于女孩与伙伴们有更多的时间待在一起，所以彼此之间肯定会产生一些矛盾。父母不要为此感到头疼，更不要为了避免矛盾的出现而不让女孩参加各种活动。恰恰相反，父母应该利用这个机会，培养女孩的规则意识、大局意识、共情能力、情绪控制能力、应变能力。女孩只有学会独立地解决矛盾纠纷，才算具备了基本的人际交往能力。

四、父母要尊重女孩的想法

每个女孩的性格都不一样，有的女孩比较外向，喜欢热闹；有的女孩比较内向，喜欢独处。父母可以根据女孩的性格，为她量身定制一些提高社交能力的方法，但是切记不要强迫女孩做她不喜欢的事情。父母可以鼓励女孩多与人交往，也可以通过自己的言行影响她，但是不要把自己的意愿强加给她，不要强行要求女孩参加社交活动。父母过分逼迫女孩，往往会适得其反。

父母应该尊重女孩的天性，与其逼着女孩假装外向，不如接纳她的不合群。女孩总会吸引到与她志趣相投的人，一个朋友都没有的人几乎是不存在的。父母要有极大的耐心，让女孩在爱和信任中"自由生长"。这样的父母看起来什么都没做，其实做了最正确的事情。

女孩初涉友谊的交往技巧

友谊是天地间最宝贵的东西，是人生最大的一种安慰。它是一种来

自双向关系的情感，是女孩人际关系中情感比较亲密、深厚的部分。女孩学会交友，不仅能收获快乐，而且对其以后的学习、工作、生活都会有积极的影响。虽然国家已经放开"二胎"政策，但许多家庭还是独生子女，这就导致女孩在小的时候缺乏与其他小朋友交往的机会，父母应该多关注此事，想尽办法创造条件，帮助女孩建立起属于她自己的朋友圈。

素质教育家周弘先生说："每个灵魂的背后都有着自己的伤痛与脆弱，要勇敢地向别人伸出温暖的双手，如此你便可以收获友谊。当你感到怯懦不敢主动与人交往的时候，对方也一样。他们没有你表面所看到的那么强大与无懈可击。"

一、父母要鼓励女孩迈出与人交往的第一步

在生活中，我们经常会看到这样的场景：几个小朋友正在拍皮球、踢毽子，追追打打，有说有笑，玩得不亦乐乎。这时候，走过来一个小女孩和她妈妈。她们是新搬来的，和周围的邻居还不熟悉。小女孩站在旁边，羡慕地看着玩耍的小朋友，用手牵着妈妈的衣角，一步也不敢向前。其实她很想跟小朋友一起玩儿，却没有勇气走上前去。这时候，家长应该鼓励女孩主动跟小朋友们搭讪，即使小声地问一句"我可以和你们一起玩吗"，也是一个巨大的进步。如果女孩开口问了，但其他孩子只顾着疯跑玩闹，没有给予回应，家长要及时向女孩解释："他们玩得太开心了，可能没有听到你说的话，你再大声说一遍。"当然，每个孩子的性格都不一样，刚开始的时候，父母不要对女孩期望太高，不要给她太大的压力。看到女孩不敢上前，有些父母便恨铁不成钢地责骂孩子，这样做只会给女孩留下可怕的心理阴影，结果适得其反。

二、父母要注意自己的一言一行

有一个女孩的爸爸，为人豪爽仗义，就是有些大大咧咧。他有一个很不雅的口头禅，因为养成了习惯，每次说话的时候都会无意识地带出来。有一次他发现5岁的女儿竟然也学会了这句口头禅，在跟小朋友交

往时骂脏话，这位爸爸羞愧得无地自容。

父母的一言一行，都是孩子学习的教材。父母只有做好自己，才能给予女孩最好的教育。父母要告诉女孩，口不择言容易伤害别人。要想吸引到志趣相投的朋友，就要做到有礼貌、有教养。因为每个人都喜欢与有礼貌、有教养的人交往。父母要教导女孩从小养成讲文明、讲礼貌的好习惯，比如跟人见面时要说"你好"，分别的时候要说"再见"，不小心踩了别人的脚要说"对不起"，诸如此类。

三、父母要教导女孩学会倾听

很多家庭由于只有一个女儿，宝贝得不行，于是这个孩子就成了家里的"小太阳"，爷爷奶奶、外公外婆、爸爸妈妈都围着她一个人转。时间久了，女孩就很容易以自我为中心，做事我行我素，只注重自己的感受，不关心他人的感受。与人交往时，也不善于倾听他人说话，让朋友心里很不舒服，产生被轻慢、被冷落的感觉。毕达哥拉斯说："友谊是一种和谐的平等。"不倾听别人说话，往往会伤害这种和谐和平等。父母要教导女孩：在与他人交谈时，应该面带微笑、耐心地听对方把话说完，如果赞同，就点头表示认可；如果不同意，也不要打断别人。尊重他人，才会得到他人的尊重；要吸引到好的朋友，自己得先是个好的朋友。

四、父母要教导女孩尊重他人的决定

每个孩子都是一个独立的个体，在相互交往的过程中，孩子们肯定会有想法不一致的时候，父母要教导女孩学会尊重他人的想法和决定。当友谊之花枯萎时，要优雅地转身不纠缠。如果希望友谊长久，就要学会细水长流。

蓉蓉是一个小学五年级的女孩，最近几天一直闷闷不乐。即使妈妈做了她最爱吃的红烧排骨，她也开心不起来。原来，蓉蓉跟隔壁班的一

个女孩刚成为好朋友，蓉蓉一有时间就找她说话，还把自己心爱的文具送给了她，但那个女孩却有别的好朋友，蓉蓉并不是她最要好的朋友。涉世不深的蓉蓉，对"朋友"一词的理解还比较狭隘。她认为自己为朋友付出一片真心，朋友也必须为自己做出相应的付出，但是那个女孩并没有像蓉蓉在乎她那样在乎蓉蓉，所以蓉蓉很难过。

妈妈告诉蓉蓉："人跟人不一样，想法不一样，做事的风格也不一样。你要试着从对方的角度来考虑问题，学会尊重他人的决定。"其实，妈妈还应该告诉蓉蓉，要想使友谊天长地久，就应该学会包容、谅解。等她再长大一些，她就会明白，友谊最好的状态是"近不狎，远不怨"。

五、根据女孩的年龄，有所侧重地培养女孩的社交能力

对于2~3岁的女孩，父母可以通过做游戏和讲童话故事的方式启发她们，比如借用小动物交朋友的故事，教导女孩如何与小朋友交往；对于4~6岁的女孩，父母可以通过传授她们一些表达技巧来提升她们与人沟通的能力，比如教导她们如何跟小朋友打招呼、表达好感，如何把心里的想法说出来。

父母培养女孩与人交往的能力，为的是让女孩在与人交往的过程中少走弯路。当她们在社交中尝到了甜头，就会对人际关系产生信心，对自己充满信心。在不断地与人交往的过程中，女孩的心理会越来越成熟，人格会越来越完善，长大以后也能够更好地适应复杂的社会环境。

教导女孩正确地看待输赢

5岁的华华跟爸爸下飞行棋，每次扔骰子的时候，如果扔的点数大，华华就高兴得手舞足蹈；如果扔的点数小，她就要把骰子拿过来重新扔。爸爸要求她遵守飞行棋的规则，不许耍赖。华华听了非常生气，一把将飞行棋抓起来扔在桌上，不玩儿了，还哭着冲爸爸嚷道："坏爸爸！我跟

妈妈玩儿的时候，我都是可以多扔几次的。"

这样的场景并不陌生，在生活中屡见不鲜。不管是玩游戏还是做其他事情，女孩赢了就欢天喜地，输了就不开心，甚至哭鼻子。

面对这种情况，有的父母担心女孩发脾气，于是采取迁就、放任的态度，故意输掉比赛；有的父母觉得不能姑息、纵容女孩的坏毛病，于是就严厉地斥责女孩，责骂孩子"输不起"。这两种管教方式都不可取，前一种会助长女孩的坏脾气，让她觉得别人就该事事让着她，这样的女孩从小就缺乏契约精神和规则意识；后一种情况会让女孩的情绪无法得到排解，表面顺从，其实内心充满愤怒，内心的冲突被病态的恐惧裹挟着，很容易形成病态人格。

"输不起"其实是过分自尊的表现。每个人都希望自己出类拔萃，各方面都胜人一筹，一旦发现不能达到目标和愿望，就会通过乱发脾气、哭哭啼啼等方式来宣泄情绪，其实这是女孩的一种自我保护机能。父母应该温和地讲道理，用开导和协商的方法来解决问题，而不是一味地娇纵或者责骂女孩。这两种方法都太简单了，看起来省事，其实问题并没有解决。

在一次全国青少年机器人竞赛中，记者对来自澳门的选手闵婕进行了采访。记者问道："比赛对于你来说有什么意义？"闵婕回答说："成绩不是最重要的，成长才是最重要的。在这种全国级别的赛场上，棋逢对手、互相学习、开阔眼界和思路，这才是我此次参赛真正的收获。"

人生处处是赛场，竞争无处不在。父母要教导女孩正确地面对竞争、面对输赢。赢了固然可喜，输了也没什么，只不过是从头再来。世上没有常胜将军，执着于获胜就是作茧自缚。父母要让女孩明白：竞赛是为了检验自己的水平，是为了开阔眼界，是为了与同伴交流、向同伴学习，是为了让自己明白山外有山、天外有天，是为了取长补短。一言以蔽之，是为了成长和进步。只要努力了，成功和失败都有意义。只要善于总结，从失败中学到的往往更多。输得起的人，才能赢得漂亮。

一、父母要告诉女孩输并不可怕

杨澜的女儿曾经在本地小学和国际小学两种不同体制的学校读书，有一次吃饭的时候，杨澜问女儿两所小学有什么区别。女儿认真地想了想，说："在本地小学，老师告诉我们不要犯错；在国际小学，老师告诉我们不要害怕犯错。"

有一句话叫"胜败乃兵家常事"，没有人一辈子只赢不输。女孩不管是在生活上还是学习上，都可能遭遇挫折。输了心里肯定不好受，却未必是坏事。关键是输了之后，女孩以什么样的态度和方式面对失败。如果能从中找出失败的原因，下次不在同一个地方跌倒，那么失败就会成为女孩成长的催化剂。因此，父母要教导女孩坦然地面对输赢。当女孩将输赢抛诸脑后时，就能以较好的心态面对竞赛。平常心不平常，以平常心做事，最易成事。

二、父母要教导女孩多关注他人的优点

学校选拔头脑奥林匹克竞赛小组的成员，一个班只有7个名额，绵绵报了名，但是在最后的辩论环节却遗憾地被刷了下来。绵绵非常沮丧，眼睛哭得像个桃子一样。

等绵绵心情平静以后，妈妈耐心地对绵绵说："没有选上，心里很难过对不对？"绵绵伤心地点了点头。

妈妈又说："这些天，你的努力妈妈都看在眼里，妈妈很为你感到骄傲。不过你想一想，那些被选上的同学，他们是不是某些地方比你做得更好？"

绵绵认真地想了想，承认入选的同学在口才和辩论技巧方面比自己强。认识到自己的不足后，绵绵下决心要提高自己的辩论能力。

既然是竞赛，必定有人赢，有人输，有人喜，有人忧。获胜固然可喜，失败也不要丢掉风度。要诚挚地祝贺获胜的同学，更要认真地分析

自己和胜利者之间的差距。将失败作为一种动力，把这段距离跨过去，女孩就能在挫折中成长，风雨过后见彩虹。

女孩勇于参加竞赛，不管结果如何，父母都要支持她，鼓励她。父母要多注重过程，少注重结果。成败只是一时的，父母不要以眼前的输赢给女孩漫长的人生下结论。父母应该告诉女孩："人生没有失败，只是暂时还没有成功。"

女孩交友要把握好尺度

女孩走出家庭，进入学校、社会，肯定会结识许多人。由于每个人性格的差异和兴趣爱好的不同，并不是谁都能成为女孩的好朋友。俗话说，交友不在多，得一人可胜百人。"触目横竖千万朵，赏心只有两三枝"。如果女孩能交到一两个知心好友，父母应该为她感到高兴，因为那是非常难得的缘分。而如何交朋友则大有学问，在交友这个问题上，父母要对女孩多加教导，提醒她把握好尺度。

一、注意分寸，把握好与朋友交往的尺度

女孩交了新朋友，心情肯定是非常兴奋的，有些性格热情、开朗的女孩，恨不得把所有的好东西都与朋友分享，恨不得每时每刻都与朋友在一起。与此同时，女孩也希望朋友一片真心对待自己，把她所有的一切都与自己分享。

我曾目睹过这样一个情景：同一所幼儿园的两个小女孩手拉着手回家，到了分别的岔路口，其中一个女孩还紧紧地握着对方的手，舍不得跟好朋友分开。不管双方的家长怎么劝说，女孩就是不撒手。当家长硬把她们分开时，其中一个小女孩竟然哭了起来。

女孩由于年纪小，还不懂得：过分的热情对他人是一种负担，过分

的热情并不能够长久。父母要告诫女孩，即使与最好的闺蜜，也要保持安全距离，再亲近的人，彼此之间也要有界限感。要尊重对方的爱好、习惯，不去挑战对方的底线，不给对方造成压迫感。那种"好的时候恨不得穿一条裤子，翻脸后形同陌路"的友情，不是真正的友情。

二、与同性朋友交往要注意尺度，与异性朋友交往更要把握好尺度

在幼儿园和小学阶段，孩子们天真无邪，男孩和女孩手拉手、肩并肩的情况非常普遍。进入青春期后，异性之间会存在好奇心理，正常的男女交往有利于相互了解，消除男女之间的神秘感，但是由于异性之间很容易产生朦朦胧胧的好感，这时候女孩与异性交往就更要注意把握好尺度。

马丽和大洋是同桌，马丽是女孩，大洋是男孩。有一阵子大洋踢球伤了腿，在家躺了一个星期，后来只能拄着拐杖来上学。马丽出于对同学的关心，不仅把自己的笔记借给大洋，还主动帮他复习落下的功课，有时候还会从家里带点好吃的给大洋。结果，大洋的腿伤好了之后，红着脸向马丽表达了谢意，最后说了一句："现在你我年纪还小，要把心思放在学习上。"

马丽摸不着头脑，问了半天才搞明白，因为这段时间她过于关心大洋，让大洋和同学们都误以为她喜欢大洋。马丽只好尴尬地笑着解释："别多想，我没那个意思。"马丽关心、帮助大洋，本来是一件正常的事情，但是由于她没有把握好尺度，结果引起了不必要的误会。

在初中和高中阶段，总有那么一些同学在与异性的交往中，由于没有把握好尺度而出现早恋行为，结果分散了精力，影响了学习。父母如果发现女孩早恋，千万不要暴跳如雷，也不要打骂女孩，更不要跑到学校去闹，搞得人尽皆知。父母如果处理不当，会给女孩的心灵留下阴影，有的女孩甚至会做出离家出走等过激行为。

三、交朋友要重德重义

在学校，老师往往会对学习成绩好的同学青眼有加，经常表扬他们，以鼓励更多的同学积极上进。老师的话具有一定的权威性，许多孩子自然而然地会向学习成绩优异的同学看齐，把他们当成学习的榜样。但是学习成绩好并不代表品德好，有的孩子门门考百分，学习成绩顶呱呱，为人却自私自利，只为自己着想；有的孩子是班里的尖子生，但平时老是欺负同学，动不动就拿拳头说话；还有些学霸由于家庭原因而存在人格缺陷和心理问题。

近年来，网络上也曝出过许多名牌学校学生犯罪的案例，可见品德和学习成绩是两码事。学习成绩好，不代表人品好、德行好。父母要教导女孩做诚实、善良、正直的人，交朋友也要选诚实、善良、正直的人。正如古人所说："友也者，友其德也。"

四、路遥知马力，日久见人心

两个人被对方的某一点吸引而开始交往，并不代表两个人就能真正成为好朋友。识别一个人，往往需要很长时间。

某个学校曾经发生过这样一件事情：两个女孩非常要好，几乎无话不谈。其中一个女孩因为父母感情破裂，正在闹离婚，对她疏于管教，最后竟然结交了社会上的不良青年，天天逃学，不务正业，成了不良少女。

另一个女孩的家长苦苦劝自己的孩子远离不良少女，可是这个女孩就是不听，还是与那个女孩玩得火热。直到有一次，她看到不良少女和那伙混混殴打弱小的同学，暴力欺凌他人时，她才幡然醒悟，毅然决然地跟不良少女断绝了关系。

即使是性情相投的好朋友，随着时间的推移，当两人志不同道不合时，友谊就很难维系了。该结束的就让它结束吧。你可以悲伤，但不必挽回。我反复强调，女孩在交友的过程中要把握好尺度，其中很重要的

一个意思就是，知进退，懂取舍。

　　在人生的道路上，多交朋友没有错，但如果交友不慎，轻则影响学业、事业，重则影响思想品行、人身安全，甚至可能走上犯罪的道路。父母要教导女孩把握好交友的尺度，多交益友，勿交损友。

远离负能量的友谊

　　《大连接》一书的作者、美国著名学者尼古拉斯·克里斯塔基斯经过几十年的研究和分析发现，我们和身边人的联系远比我们想象中的还要神奇和紧密。根据量子纠缠的原理，人与人之间的连接早已存在于精神和意识层面，只是人们以往没有认识到而已。随着互联网技术的迅猛发展，手机、iPad 等智能随身设备已将人与人之间的连接发展到可感应、可量化、可应用阶段。作者指出，人与人之间相距三度之内是强连接，强连接可以引发行为上的改变。每一个快乐的朋友，让你也快乐的概率大约增加 9%；每一个不快乐的朋友，让你快乐的概率会减少 7%。即使是朋友的朋友的朋友，也会对你的情绪产生影响。所以，父母要时常教导女孩："一定要远离那些让你不快乐、带给你负能量的朋友。"

　　负能量有三种行为表现：一种是优柔寡断、拿不定主意。优柔寡断的人一会儿想向左走，一会儿又想向右走，长期处于一种心理内耗的状态，内耗对一个人身心的损伤特别大。一种是抱怨和发怒。生活中这种行为随处可见，有的人只要稍不称心如意，就唠唠叨叨或者大发脾气，把周围的人当成倾倒不良情绪的垃圾桶，让周围的人苦不堪言。还有一种就是颓废、悲观、消极。这种人看什么都只看到不好的一面，觉得没有希望；做什么都没有信心，打不起精神，提不起兴趣。

　　负能量是一个泥潭，一旦身陷其中，很难自拔。负能量的女孩往往觉得全世界的人都应该围着自己转，总是怪罪别人做得不够好，总是推卸责任，总是只想着个人利益，不会设身处地地替他人着想。负能量会消耗女孩的信心，瓦解女孩的斗志，消磨女孩的锐气，让女孩变得无精打采或者充满戾气，不停地抱怨身边的人和事，但又不采取实际行动去改变现实。

丢丢是个可爱的女孩，正上小学二年级。开学第一个月，爸爸妈妈突然发现丢丢发生了很大的变化。以前丢丢放学回家后，总是主动打开书包，认真完成作业，可最近这段时间，她回来不是看电视就是玩玩具，根本不会主动做作业。爸爸妈妈一旦催促她，她就变得满腹怨气，抱怨铅笔不好用，抱怨老师留太多的作业，抱怨爸爸妈妈催促个没完。

爸爸妈妈觉得非常奇怪，不知道原本温和、懂事的女儿到底经历了什么，怎么一下子变得怨天尤人，牢骚满腹。爸爸严肃地向丢丢指出，一个浑身上下充满负能量的孩子，不但不能健康成长，而且会让人讨厌，甚至会被孤立。

细心的妈妈问丢丢："宝贝，最近交什么朋友了吗？"丢丢想了想说，她在班里新交了一个好朋友，好朋友平时就是这么说话和做事的。爸爸妈妈一听就明白了，原来丢丢是受了负能量朋友的影响，不知不觉地变成了这个样子。幸好发现得及时，否则养成悲观、消极的思维模式，就不好改变了。

父母要告诉女孩怎么识别负能量的人并远离他们。女孩如果发现身边的朋友每天都不开心，经常处于伤心、愤怒、嫉妒的情绪当中，就要离他远一点儿。女孩可以留意一下对方喜欢说的话、说话时的语气以及有哪些肢体语言。负能量的人爱说丧气话，说话时的语气、状态也很差，经常垂头丧气，两眼无神，耷拉着肩膀，给人一种无精打采的感觉。女孩要远离那些坏脾气的人，他们不会好好说话，动不动就歇斯底里地大喊大叫，跟这样的人在一起，就像身边装了个定时炸弹，随时都可能爆炸。女孩还要远离愤世嫉俗的人，在这些人眼里，整个世界漆黑一片，世上没有一个好人，谁都不值得信任。

父母要告诉女孩，对于负能量的人，可以理解和同情，但是不要试图去改变。一个人浑身上下充满负能量，肯定有一定的原因，多半与原生家庭有关。女孩可以试着去帮助他们，但是他们能不能改变，主要在于他们自己愿不愿意做出改变，女孩对此不要抱太大的希望。女孩可以热忱地帮助他们，前提是自己做好防护，不要被传染。

女孩可以打造一个互帮互助的正能量朋友圈，不要勉强自己和负能量的人待在一起。一旦发现自己的学习和生活受到了影响，要坚决地远离负能量的友谊，断开这种强连接，一刻也不要耽搁。女孩要多结交一些真诚、善良、热情、开朗、坚强、豁达、积极进取、人格高尚的朋友。和这样的朋友在一起，彼此之间会有很好的促进作用。

有一句话叫"近朱者赤，近墨者黑"。在一个环境里待久了，女孩很容易被环境所同化。古代有"孟母三迁"的故事，孟子的母亲为了让儿子远离不良环境，好好读书，不惜多次搬家。孔子曰："益者三友，损者三友。友直，友谅，友多闻，益也。友便辟，友善柔，友便佞，损矣。"周恩来总理说："与有肝胆人共事，于无字句处读书。"女孩和什么样的人在一起，就会成为什么样的人。父母要教导女孩远离负能量的环境、负能量的人。女孩只有管理好自己的社交关系，与正能量的人同行，才能让自己也拥有满满的正能量，活成一束光，照亮未来的方向。

如何应对"欺软怕硬"的人

有的女孩小小年纪就很世故。她们像条变色龙似的，在比自己弱小的孩子面前，非常霸道蛮横，要求别人事事都听自己的，气焰十分嚣张。可是当她们面对比自己大或者比自己强悍的孩子时，却表现得非常懦弱，连连退让。即使自己的东西被对方抢走了，也不敢吭一声。为了少受欺负，还会装出一副乖巧的模样，巴结讨好对方。这种行径就是典型的欺软怕硬。

欺软怕硬反映出人性的弱点，也反映出学校教育、家庭教育的缺失。女孩欺软怕硬，多半与她的成长经历有关。很长一段时间以来，中国的父母们对家庭教育存在一种误解，认为两个人应该一个唱红脸，一个唱白脸，以发挥互补效应。于是，父母扮演着一慈一严的角色，一个对孩子非常严厉，一个对孩子非常娇纵。时间一长，女孩摸透了父母的性格，在严厉的家长面前表现得乖巧、听话，事事都听从家长的安排；而面对宽容的家长时，女孩往往我行我素、为所欲为。也就是说，女孩在不知不觉中成了个两面派，学会了"看人下菜碟"——欺负软弱的，讨好强硬的。

邻居夫妇有两个女儿，大女儿身体羸弱，动不动就生病住院。夫妻俩照顾不过来，就把小女儿送到了爷爷奶奶家，请爷爷奶奶帮忙照顾，只在周末的时候过来看看。爷爷奶奶觉得小孙女不在父母身边，实在太可怜了，再加上隔辈亲，于是对小孙女百依百顺。不管她提什么要求，都尽量满足。在爷爷奶奶的娇惯下，小女孩变得飞扬跋扈，爷爷奶奶根本管束不了。

小女孩的父母对她的态度却恰恰相反。这对夫妇本来脾气就比较暴躁，再加上大女儿长期生病住院，夫妇俩焦头烂额，情绪比较压抑，一见到小女儿调皮，就会严厉地责骂和殴打她。结果小女儿拥有了两副面孔：面对爷爷奶奶时，想干什么就干什么，一不高兴就乱发脾气、乱扔东西，整个人像混世魔王一样；见到爸爸妈妈，则嘴巴特别甜，非常乖巧懂事，会主动去帮父母拿拖鞋、倒水。

女孩之所以有这种截然不同的表现，就是因为家庭成员对她的教育没有达成共识，缺乏一致性，让女孩钻了空子，养成表面一套、背后一套的处事方式。

父母在教育女孩时，一定要认真观察她有没有这种欺软怕硬的毛病，如果有的话，要及时帮助女孩矫正过来。

如果女孩本身没有这方面的问题，但是她的朋友中有人欺软怕硬，这时候父母要鼓励女孩强硬一些，不要像羔羊一样任人宰割。首先是不害怕，不胆怯。其次是被人欺负时，要敢于说"不"。不要小看"不"字的力量，这其实代表了一种强硬的态度。那个欺软怕硬的孩子认为女孩软弱可欺，所以才会欺负她。如果女孩勇敢地说"不"，这种勇敢的态度多少能给对方一些震慑。对方一旦发现女孩并不胆小软弱，以后就再也不敢欺负她了。

当然，抗拒并不能解决所有的问题。当女孩不能自己解决这个问题时，就要及时向老师和家长求助。通常来说，老师接到女孩的反馈后会及时处理，但有的时候，由于孩子太多，工作繁忙，老师可能顾不过来，这时候就需要家长多关注自己的孩子。如果家长发现女孩闷闷不乐、情绪反常，就要穷根究底地问一问。如果女孩因为害怕而不敢说，家长就要到学校去调查，问老师，问同学，直到调查清楚、解决问题为止。

女孩初次被欺软怕硬的同学欺凌时，老师和家长的支持非常重要。如果父母告诉女孩："以后遇到欺软怕硬的孩子，你躲着走。"就会在女孩心里埋下畏惧的种子。以后再遇到这样的人这样的事，她会习惯性地心生恐惧，能躲则躲。如果父母告诉女孩："不要怕，你能解决就自己解决；解决不了，就交给爸爸妈妈来解决。"当女孩确实解决不了时，爸爸妈妈一定要及时介入，给欺负弱小者一点教训。

一个读小学二年级的女孩被同班的一个小男孩打了。小男孩一向欺软怕硬，见到比自己弱小的女孩就欺负，见到比自己高大的男孩就主动地巴结讨好。女孩的爸爸妈妈介入后，打人的小男孩认了错，道了歉。

小女孩后来跟妈妈说，自从被打以后，她见到比自己强壮的同学就害怕，但是现在她不怕了。她说，欺负别人的人才应该害怕。

女孩在体力上先天比男孩弱，所以父母一定要保护好女孩。此外，父母还应该教导女孩守护好自己的底线。如果对方的所作所为影响了女孩正常的生活和学习，女孩要果断地与其绝交。情况严重时，还可以报警。因为一味地忍让和退缩，只会助长对方的嚣张气焰，让对方有恃无恐。总之，无论在什么情况下，女孩都要勇敢地维护自己的正当权益。

胸怀宽广，不做自私自利的"小女生"

女孩心胸宽广，就会以宽容平和的态度去对待他人，同样也容易赢得他人的理解和尊重。看看身边，我们不难发现，心胸宽广的女孩，往往拥有更好的人际关系和职业发展前景；相反，心胸狭窄、自私自利的女孩，这也看不顺眼，那也看不顺眼，动不动就生气，很容易跟他人发生冲突，也容易陷入否定他人、否定自我的泥潭之中。

许多父母缺乏长远的眼光，平常对女孩过于溺爱，好吃的、好玩的，任凭女孩独占，不与他人分享。作为全家的重点保护对象，女孩往往只顾自己，不顾他人。时间长了，女孩就会成为一个自私自利的人。遇到好事就拼命去争去抢，出了问题，则先把自己摘干净，把责任都推到他人身上。心胸狭窄、自私自利的人，不会换位思考，缺乏团队精神，没有容人之量，而且患得患失，得到时沾沾自喜，失去时悲悲戚戚。

人们常说，心量狭小，则多烦恼；心量广大，智慧丰饶。那么，父母应该如何引导女孩做一个心胸宽广的人呢？

一、父母要用宽容之心对待女孩

著名教育家陶行知先生说："真教育是心心相印的活动，唯独从心里发出来的，才能打动心灵的深处。"

陶行知先生当校长的时候，有一天，他看到一个男生用泥块砸同学，便让这个男生到校长办公室去一趟。当陶行知来到校长室时，男生早已等候在那里了。陶行知拿出一颗糖，笑着递给男生："这是奖励你的。因为你按时来到了这里，而我却迟到了。"男生接过糖后，陶行知又掏出第二颗糖："这也是奖励你的。因为我叫你别打人时你立即住了手，这说明你尊重我。"男生非常惊讶，陶行知又掏出第三颗糖："我调查过了，你用泥块砸人，是因为他们欺负女生，为了你的正义感，我再奖励你一颗糖。"男生感动得哭了，说："校长，我错了，我不应该用这种方式对待同学。"这时陶行知先生又掏出一颗糖："你认错了，我再奖励你一

糖。我没有更多的糖果了，我们的谈话也该结束了。"

陶行知先生用宽容的态度对待犯了错的男生，使他得到了真正的教育。父母只有用宽容之心教导女孩，女孩才能从父母身上感受到爱的力量、宽容的力量，从而真正学会宽以待人。

二、父母要教育女孩从不同的角度看问题

《了不起的盖茨比》里有这么一句话："每当你想批评别人的时候，要记住，这世上并不是所有人都有你拥有的那些优势。"父母要教育女孩从不同的角度看问题，要懂得换位思考，要能体会到别人的不易，不要总是以自我为中心。一个人只要能对他人多一点理解，就不会盲目谴责，更不会横挑鼻子竖挑眼，鸡蛋里面挑骨头。

最近一段时间，花花一放学回家，就向妈妈抱怨同桌不讲卫生，衣服好几天都不洗，身上一股怪味。妈妈向老师打听后才知道，花花同桌的父母在外地做生意，孩子跟年迈的奶奶一起生活。奶奶年纪大了，照顾孩子很吃力，有时候力不从心，就忽略了孩子的个人卫生。妈妈向花花说明了情况，让花花多关心和帮助同桌。有一次，同桌生病了，花花还主动帮她补课。后来，两个孩子成了非常要好的朋友。

三、父母要引导女孩善待他人

父母要引导女孩关怀他人、善待他人。让她用心体会帮助别人的快乐，并渐渐养成助人为乐的习惯。比如下雨天，如果同学没带雨伞而女孩带了伞的话，父母可以鼓励女孩跟同学一起走；平常在路上遇到腿脚不好的老人过马路，父母可以鼓励女孩去搀扶一下；家中的旧衣服、旧玩具、旧书刊，父母可以鼓励女孩捐赠给贫困地区的孩子。总之，父母要让女孩懂得：赠人玫瑰，手有余香。善待他人，就是善待自己。

法国著名作家雨果说过："世界上最宽广的是大海，比大海更宽广的是天空，比天空更宽广的是人的胸怀。"父母要教导女孩做个心胸宽广

的人，不要小肚鸡肠，不要鼠目寸光，不要斤斤计较。心宽一寸，受益三分。心宽的人，才能站得高，走得远。

如何管教阿斯伯格综合征女孩

奥地利学者汉斯·阿斯伯格是一名精神科及小儿科的医师，他在1944年的时候，曾经发表过一篇关于阿斯伯格综合征的论文，后来医学界便以他的名字来命名这个病症。阿斯伯格综合征的发病率高于典型孤独症，属于一种高功能的自闭症。大约每1万个孩子里面就有7个阿斯伯格综合征患者，男孩更容易罹患此病，但女孩也不能幸免。阿斯伯格综合征一般被定义为"没有智能障碍的自闭症"，另外一种说法叫作"天才病"。

关于阿斯伯格综合征的成因，人们曾经有很大的误解，认为是养育方式不正确以及父母和孩子缺乏沟通所导致的，也就是自闭症发展史上非常著名的荒唐假说——"冰箱妈妈"理论。这个观点在20世纪60年代受到了挑战，科学家认为，造成疾病的不是父母的冷漠，而是孩子的遗传基因和神经构成缺陷导致的。

人们经过研究发现，患病的孩子往往机械记忆能力很好，他们能清晰地记住经过的道路、公交车站、地铁站，甚至能记住列车时刻表；他们的智力和语言功能正常，有时候甚至能够引经据典，说出一些令大人都十分吃惊的深刻话语。但另外一方面，患儿通常是离群的、孤立的，在社交方面存在困难；在语言沟通方面存在缺陷；一旦对某个事物感兴趣，就会采取重复固定的行为模式。

在世界卫生组织颁布的《国际疾病分类手册》中，对阿斯伯格综合征的关键特征进行了总结，阿斯伯格综合征患者大致表现为：1.社交障碍，包括社会试验能力低、非语言沟通障碍及社会互动缺陷。2.刻板的兴趣模式、运动笨拙、重复行为以及对特定行为的极度程式化。总之，阿斯伯格综合征患者的核心问题就是社会交往和沟通技能的缺陷。

小学二年级的叶子活泼爱笑，学习成绩也不错，却被学校勒令退学。老师说叶子上课注意力不集中、多动、作业拖拉、特别容易发脾气、不遵守纪律、无法融入集体。

叶子如果对某件事物感兴趣或是喜欢某个话题，就会一直喋喋不休地说下去。如果中途被人打断，就会很不高兴。而且不会察言观色，不管对方有何反应，她会一直围绕着自己感兴趣的话题自顾自地说下去。后经诊断发现，叶子患的就是阿斯伯格综合征。

一、如果发现女孩有阿斯伯格综合征的迹象，要及早干预、治疗

像上文提到的叶子的一些行为，其实早在她上幼儿园时就出现了苗头，但是没有引起家长足够的重视，这才有了后面被学校勒令退学的事情。

治疗阿斯伯格综合征，靠的不是打针吃药，而是需要家长、学校、专业机构的共同努力。城市的孩子一般会定期做儿童保健，有经验的儿童保健医生在给孩子做保健的过程中，往往就可以察觉到孩子的行为是否异常。

二、要理解和包容阿斯伯格综合征女孩的反常行为

阿斯伯格综合征患儿有着特殊的社交特点与兴趣爱好，一般不服从约定俗成的规矩和众所周知的道理，当其沉迷和专注于某件事情时往往难以自拔。家长要理解和包容这样的孩子，帮助阿斯伯格综合征女孩融入社会，建立正常的社交关系。只要女孩不做伤害别人和自己的事情，就不用对她进行特别的干预，要尽量为她创造一个宽松的成长环境。

三、要对阿斯伯格综合征女孩进行社交和情绪控制等方面的行为训练

阿斯伯格综合征患儿往往控制不了自己的情绪和行为，有时候她们很想与人交流，却不会表达，比如玩滑梯的时候，其他小朋友都知道排队，但阿斯伯格综合征女孩就不懂规矩；比如在课堂上，阿斯伯格综合

征女孩往往会率先提问，直接站起来就问，根本不顾及他人的感受。这些都需要家长和老师耐心地引导，加强孩子社交与情绪控制方面的训练。有的专业机构开设有专门针对阿斯伯格综合征孩子的课程，可以为孩子提供帮助。

中山大学附属第三医院儿童发育行为中心李建英副主任曾经说过一席话："一部分（患有）阿斯伯格（综合征）的孩子，通过及早地干预训练会康复得极好；但也有可能会遗留一些性格内向、不善沟通等问题。一般来说，不深入交往，这些孩子从外表上是看不出来和其他孩子有什么不同（的）。"这无疑让家长们看到一丝曙光，即使有再多的困难，也要陪着孩子努力向前。

10

第十章　叛逆期女孩的正面管教

陪女孩走过三个叛逆期

女孩的叛逆期，是指处于心理过渡期的女孩，其独立意识和自我意识日益增强，迫切希望摆脱成人控制的某个阶段。为了找到"自我"的心理认同，叛逆期女孩常以大人自居，极力想发表自己的意见，对任何事物都倾向于批判的态度，运用各种手段、方法彰显自己的与众不同。

正是这种极度渴望找到"自我"和"存在感"，害怕被外界忽视的心理，使女孩开始尝试用各种方式来确立自我与外界的平等地位，进而做出各种在他人看来比较反常的叛逆行为。

女孩一生中大致会经历三个叛逆期：自我意识觉醒期（2~5岁）、自我意识发展期（8~12岁）、青春叛逆期（12~17岁）。父母要掌握女孩在每个叛逆期的心理特点，给予她正确的引导和教育，让女孩平稳地度过这一阶段，逐渐从稚嫩走向成熟，成长为身体健康、心理稳定、人格完善的生命个体。

2~5岁是女孩自我意识的觉醒期，这一阶段的女孩已经从一个听话的"乖娃娃"，变成一个会简单思考并用语言表达自己想法的小人儿。她们的自我意识开始萌发，最喜欢说的一个字就是"不"。因为在表示反对时，更容易引起外界的关注，更能让她们找到存在感。

这个时期，父母应该转变单方面决策的教养方式，认识到女孩是独立存在的生命个体这一事实，更加尊重女孩的意见，以此来满足女孩自我意识觉醒的心理需求。另外，在此期间，由于心理变化的需求，女孩会变得任性、不讲道理。父母不要过分跟女孩强调事情的对错，相反，有时不妨顺着女孩的不合理要求，让女孩自己去经历，去体验，并承担由此带来的一切后果。在试错的过程中，女孩能够更好地感知到"自我"的力量。如果女孩没有得到自己想要的结果，她会自觉地进行调整和改变，直到找到解决问题的办法。这比父母强迫她做一件事，效果更好。

比如明明天气很冷，女孩却非要穿着新买的裙子出门。父母苦口婆心地劝说了好一阵子，她就是不听。在这种情况下，父母不妨允许女孩穿上裙子出门，让她自己感受一下被冻得瑟瑟发抖的感觉，下次女孩便会知道天冷时不能穿着裙子出门了。当然，父母一定要给女孩准备好厚衣服，在女孩后悔时及时为她添衣。

2~5岁的女孩对是非、好坏的认知度不够，只是单纯地根据"喜欢"和"不喜欢"做出判断和决定。当女孩体验到"后果"后，再给她讲道理，这种做法比打骂、说教更有用。顺着她是为了用事实教育她，是一种以退为进的做法。另外，由于2~5岁的女孩认知水平和表达能力都比较弱，所以父母既要有足够的耐心和爱心，还要有足够的智慧和办法，唯有如此，才能更好地教导叛逆期女孩。

8~12岁是女孩自我意识的发展期，这个阶段的女孩认知度不断发展，语言及行为能力也有所提高，开始提出反对意见，并会反抗父母的管教。但是因为受到年龄的限制，胆小的女孩对父母的命令多是敢怒不敢言，当女孩积压在心里的不满情绪得不到宣泄时，这种压抑的敌意会促使她更为叛逆。

在这个阶段，父母对女孩要以引导为主，放下身段，以平和、平等、尊重的态度和女孩沟通，学会聆听女孩的心声。在女孩提出反对意见时，父母要把自己的理由及正确的做法讲给女孩听，即使女孩听不进去也不要大发雷霆。父母要让女孩感到被爱着、被重视、被理解与被尊重，女孩的自尊心得到满足，存在感得到体现，她自然会越来越懂事。

此外，父母还可以尝试用"激将法"来激励叛逆期女孩顺着父母的心意做事。比如父母想让女孩帮忙收拾房间，可以这样对她说："你的小书架这么整齐，是你自己收拾的吗？"当女孩说"是"的时候，父母可以故意提出质疑："真的吗？能把书架收拾整齐的人也可以把房间收拾整齐，可是你看我们的房间有点乱呀。"这个时候女孩面对质疑，很可能会主动收拾房间，以此来证明自己的能力。另外，当女孩圆满地完成一项任务时，父母要及时给予肯定和表扬，让女孩充分感受到"我长大了""我能行"的快乐。

15~18岁的女孩正处于青春期，这个阶段的女孩已经完全把自己看作大人了，有时会一意孤行地做一些自认为正确的事，并开始注重保护自己的隐私。青春期的女孩，特别注重时间的支配权和独立做事的权利，父母要给予女孩自我成长的自由，并要尊重女孩的隐私。青春期也是女孩价值观、人生观、世界观形成的关键时期，父母应该鼓励女孩独立思考、多提有价值的意见和建议，允许她犯错和吃亏，及时肯定和表扬女孩有主见的行为，鼓励女孩果断行事。有些父母担心女孩早恋或受到其他伤害，对女孩管束得很严，这会造成女孩性格上的缺陷，甚至还会加剧女孩的叛逆心理。

不同叛逆期的女孩会表现出不同的叛逆行为（本书主要分析青春期女孩的叛逆行为），父母只要根据女孩不同成长阶段的心理特点，给予女孩足够多的耐心和爱心，与女孩像朋友一样沟通，不摆出一副长辈的架势，不唠唠叨叨，便能赢得女孩的信任，顺利地引导女孩度过叛逆期。

青春期叛逆女孩的过度焦虑

女孩进入青春期后，眼前的世界显得越来越五彩斑斓，吸引女孩注意力的新奇事物也越来越多。同时，女孩的学习压力也越来越大，女孩的身心在不知不觉中发生了巨大的变化。与父母相处时，她们渐渐有了自己的主意，并且执拗地认为自己的想法无比正确。当女孩的意见与父母的意见相左时，父母不恰当的态度可能会加剧叛逆期女孩的焦虑情绪。

一、父母对女孩缺乏信任和耐心，会让女孩深感焦虑

女孩进入青春期后，生理和心理两方面都发生了很大的变化，女孩会调节自己以适应身心上的变化。然而有的父母却对女孩的变化反应迟缓。他们依旧按照原来的方式教养女孩，习惯于操纵女孩和替女孩做决定，对青春期女孩缺乏信任和耐心，不懂得倾听女孩的心声，武断地认为她们的想法和决策过于幼稚，在不了解女孩想法的情况下就将其全盘否定，造成女孩与父母关系紧张，加剧了女孩的焦虑情绪。

兰兰从初一开始接触微博，一下子就喜欢上了这种既能获取海量信息，又能进行自我表达，还能与网友进行互动的社交方式。她每天都会更新动态。她在微博写的那些生动有趣的小故事，受到很多粉丝的关注和喜爱，这让兰兰很有成就感，感受到了生活的美好。可是，当妈妈发现兰兰每天更新微博要花费很长时间后，妈妈根本不听兰兰的解释，一气之下就注销了兰兰的微博账号，并强行没收了兰兰的电脑。

从此以后，兰兰变得意志消沉，对什么都提不起兴趣，像丢了魂似的。不但学习成绩下降了，还经常和父母顶嘴，尤其是跟妈妈的关系相当紧张。看得出来，她对父母非常失望，这种失望之情激发了她的叛逆心理和焦虑情绪。

当父母发现女孩有不符合自己心意的行为时，应该以信任的态度和耐心的方式，认真听一听女孩的想法，了解事情的来龙去脉，适时地表达足够的理解和接纳。然后再用自己的经验，为女孩提供一些建议，在征得女孩的同意后再对女孩进行监督。

比如上文中的兰兰妈妈应该先听听兰兰的想法，在表达了对兰兰的理解和信任之后，告诉她"要先做必须做的事，再做喜欢做的事"。妈妈在与兰兰沟通时，要动之以情、晓之以理。可以建议兰兰在写完作业后再更新微博，或者周末再更新微博，做到既发展兴趣爱好，又不影响学习。妈妈为孩子提供有限制的选择，比简单粗暴地扼杀孩子的快乐要高明、有效得多。

二、沉重的学习压力和父母对分数的过高期待让女孩身心疲惫

青春期的女孩受到自我认知能力的限制，一般不能正确地评价自己，在如何看待考试分数这件事上经常会走极端。当女孩取得好成绩时，她觉得自己聪慧过人，简直是个天才；但当女孩成绩下滑时，她又觉得自己天资愚钝，一无是处。

面对日益繁重的功课和激烈的竞争，女孩会感到压力山大。若这时父母过分地看重女孩的考试成绩，会给女孩造成错误的引导，使女孩更

加不能正确地认识自己。当女孩的学习成绩不太理想时，她会因为遭受学业上的打击而对自己其他方面的能力产生深深的怀疑。当女孩掉进自我怀疑、自我否定的黑洞时，会体验到巨大的无力感。这时候，她最需要的是家庭的温暖和父母的鼓励。如果父母不仅不能指引她走出"灵魂的暗夜"，反而一味地指责和批评，很容易加剧女孩的疲惫感和叛逆心理。所以，父母一定要正确地看待女孩的学习成绩，告诉她分数不能代表一切。这次没考好，不代表永远考不好。孩子的成绩出现起伏是正常的，糊涂的父母为孩子加压，智慧的父母为孩子减压。"唯成绩论"会毁掉孩子的一生，网上有很多令人唏嘘的悲剧性事例，希望父母们能从惨痛的教训中得到深刻的警示。

三、青春期身体的显著变化，让女孩不知所措

步入青春期的女孩会经历月经初潮、胸部隆起、体毛疯长等一系列生理变化，有的还会不停地冒青春痘。对于懵懂无知的女孩来说，这些突然出现的身体变化，可能会引起她们心理上的恐慌，进而导致焦虑、烦躁、叛逆等行为。

这时，父母，尤其是妈妈，应该及时给女孩讲解相关的生理知识，告诉女孩青春期会有哪些身体变化，应该如何应对和处理。比如告诉女孩月经初潮时身体会有哪些反应，教女孩提前做好准备；告知女孩胸部发育的相关知识，为女孩挑选合适的内衣；为长青春痘的女孩准备无刺激性的护肤品，阻止女孩抓挠，引导女孩合理地饮食和睡眠，避免皮肤发炎或留下疤痕。

对于女孩来说，青春期是一个非常关键的时期，像玫瑰般娇艳，又像玫瑰般长满了刺。父母要关心女孩的身心变化，尊重女孩的成长规律，用正确的方法缓解女孩的焦虑情绪，引导女孩顺利地度过叛逆期，让女孩的青春之花绽放得更加绚丽。

父母要告诉女孩："玫瑰上的刺是为了保护自己，不是为了扎伤别人。"

帮助不是控制，别让爱成为负担

处于青春期、叛逆期的女孩，热切地渴望显示自己与众不同的个性。她们刷存在感的方式，其实家长们并不陌生，有些可能还是家长们玩剩下的。比如喜欢穿奇装异服，喜欢另类的饰品或妆容，喜欢反抗父母，喜欢说新鲜度高的时代流行语，甚至会尝试一些出格的事情，故意犯错。青春期女孩不遗余力地展现自己独特的个性，其目的就是引起他人的注意，向父母宣告自己已经长大了。

这个时候，如果父母还按照原来的方法，把青春期女孩当成任人摆布的小孩子来管教，试图改变女孩的个性，强迫女孩顺从，不仅起不到帮助和引导的作用，还会让女孩变得更加叛逆，离父母的期望越来越远。

一、帮助是尊重，不是控制

父母要接受女孩已经长大的事实，给予女孩更多的尊重，让她独立地去做一些决定。这样，女孩的判断力、决策力、执行力都能得到锻炼和提升。少了来自父母的掌控和压迫，女孩的情绪会稳定、平和得多。父母千万不要打着"帮助"的旗号控制女孩。不管女孩是喜欢打篮球还是喜欢跆拳道，是喜欢裁剪缝纫还是喜欢拆卸机器，父母都不要横加干涉。不要因为女孩的爱好不符合自己对女孩未来的规划，就打着"都是为你好"的幌子，试图把自己的梦想变成女孩的梦想，试图把自己的喜好变成女孩的喜好。

二、帮助是耐心沟通，不是强行压服

对女孩真正有用的帮助，一定是在了解和尊重女孩想法的前提下，耐心地与女孩进行沟通，鼓励她发展正当的爱好，引导其自觉地改变一些不好的想法和行为。如果采取高压手段，强行逼迫女孩服从，势必会对女孩的身心造成极大的伤害。有的女孩习惯于向强势的父母妥协，变成没有主见的人，什么都等着父母安排；有的女孩与父母离心离德，故意与父母对着干。智慧型父母懂得正面管教女孩，懂得尊重女孩的意愿，懂得给予女孩一定的独立自主的权利，让女孩学会独立成长。良好的亲子关系是家庭教育的基础，在和谐的亲子关系中，女孩才有安全感，才不会因为过度紧张而处于戒备状态。

三、帮助的前提是接纳，是包容

帮助的前提是接纳。有的青春期女孩喜欢穿奇装异服，比如破洞牛仔裤、一只袖子的上衣、紧身的衣服；还有的青春期女孩喜欢在校服上做手脚，添加饰品或者图案。父母要明白，女孩这么做只是为了彰显自己的与众不同，不代表她学坏了。父母越大惊小怪，女孩越来劲儿；如果父母表现得并不在意，女孩反而觉得无趣。

父母要让女孩明白，展现个性的方式有很多种，比如能说一口流利的英语、能写一手漂亮的毛笔字、会弹古筝、会滑冰等。在穿衣打扮上做文章，并不高级。父母要引导女孩提升核心竞争力，不要把过多的精力花费在穿衣打扮上。父母要引导女孩注重内在美，因为从内向外散发出来的美才是岁月抹不去的美丽。

父母对青春期女孩的包容，也是对她的一种帮助。青春期女孩有时会出现明知是错的，却偏要试一试才肯罢休的心理。究其原因，多半是因为女孩对自己的能力、对任务的艰巨程度、对一意孤行的后果缺乏正确的评估和认识。或者，当女孩对自己的表现不够满意、承受不了巨大的压力、接受不了父母的指责时，也会故意放纵自己，所谓的"外强中干"，说的就是用外在的强悍，掩饰内心的虚弱。还有一些女孩喜欢跟自己较劲，当她们跟自己较劲时，也会故意犯错。前苏联著名教育家苏霍姆林斯基说："有时宽容引起的道德震动比惩罚更强烈。"所以，父母要对青春期女孩多一点包容。

总之，父母要理解青春期女孩各种怪异的心理，不要只看表面现象，而要去探究现象背后的原因。弄明白女孩为什么会这样想、这样做，是想引起他人的注意，还是因为过度焦虑？如果是后者，父母要引导女孩用正确的方式释放压力。因为有些代价过于昂贵，女孩一生都承担不起。

在电视剧《小欢喜》里，英子在跳河前，对妈妈喊出这样一句撕心裂肺的话："我就是想要逃离你。"中国的父母大多控制欲太强，付出很多却费力不讨好。把自己搞得很累的同时，也把孩子逼得近乎崩溃。所以父母在管教女孩时，一定不要越界。不要因为控制欲太强而成为孩子的灾难。

满足"乖乖女"渴望独立的成长需求

对于女孩来说，从对父母说"不"开始，就意味着她的自我意识已经萌发，从此以后，她将义无反顾地走上一条追求独立的道路。也许走得跌跌撞撞，但那是她的自我实现的需求，父母应满足她的这种需求。

从小被父母捧在手心的"乖乖女"，凡事都由父母代劳，可是突然有一天，女孩像变了个人似的，想要挣脱父母的怀抱。当女孩变得叛逆，喜欢和父母对着干时，很多父母措手不及，无法接受女孩的改变，甚至会陷入深深的苦恼之中。他们想不明白，往日听话、乖巧的女儿，怎么变得如此陌生？其实，这是女孩渴望独立的表现，是生命内在的成长需求。父母要做的就是遵循女孩的成长规律，淡定地接受女孩的变化，适时地满足女孩渴望独立的心理需求，这样才能帮助女孩完成精神断奶，使她真正地"长大"。

3岁的妞妞最近性格突变，从一个事事听从、依赖父母的"乖乖女"，变成一个乖张、叛逆的女孩。刚学会一些英语单词的她，最喜欢说的一句话就是"NO，NO，NO"，不管父母是顺着她的心意说，还是逆着她的心意说，妞妞都条件反射似的拒绝，本能地想要反抗一切。

妈妈满怀焦虑地对爸爸说："这孩子不会出什么问题了吧？好好的一个又可爱又乖巧的小姑娘，怎么突然变得这么乖戾？"妈妈说着说着竟忍不住抽泣起来。

爸爸安慰妈妈说："知道你照顾妞妞照顾习惯了，她不让你照顾，你心里不好受。可是你想过没有，就算你给女儿再多的保护，为她做再多的事情，你都不能代替她成长。女儿总要学着自己长大，自己去做选择和决定，早晚她要离开我们独立生活。妞妞现在的种种表现正说明她在表达自己，她在寻找独立的自我，这是成长的第一步。作为父母，我们应该为女儿感到高兴才对。"

妞妞爸爸的话很有道理，女孩总要独自学着长大，当她以叛逆者的姿态说"不"时，她想显示自己的主意与众不同，她想知道自己的反抗有没有力量，这正是女孩渴望独立的内在需求。这时候父母不妨满足女孩的需求，让女孩通过摸爬滚打，探索出一条属于自己的路。

如果父母在女孩自我意识觉醒的叛逆期给予女孩独立成长的空间，满足女孩自我成长的需求，那么当女孩进入青春期时，她会更愿意接纳父母参与自己的成长。因为幼时的经验告诉她：父母是通情达理的，是值得信赖的。父母能够接受自己独特的个性，并会竭尽全力帮助自己成长。充分的信任感可以使父母与女孩的沟通更顺畅，使父母对女孩的管教达到事半功倍的效果。

比如青春期女孩想有自己的交际圈，对父母干涉自己的交友自由很反感，常常会产生任性的行为。这个时候父母可以通过和女孩谈心，讲述自己年轻时的成长故事，引起女孩的共鸣；再像朋友一样关心女孩的感受和想法，引导女孩吐露心声。当女孩肯敞开心扉，与父母分享自己的小秘密时，对于父母的规劝，她可能就不会那么反感了。因为她抗拒的是封建家长式的说教，不是朋友式的谈心。

所以父母在养育女孩时，一定要尊重女孩自我独立的成长需求，鼓励女孩完成从被照顾到独立自主的转变，给予女孩锻炼的机会，帮助女孩树立强大的自信心，让女孩充分发展自身的能力。

父母与孩子的互动模式，决定了孩子与他人的互动模式。父母退一步，孩子才会进一步。如果女孩从小习惯于被父母控制，那么她长大后也容易被他人控制。《好妈妈胜过好老师》一书的作者尹建莉老师说："童年时得到真爱的人，命运掌握在自己手中，哪怕有很多坎坷，也不会活得窝囊。哪怕不小心踏入一段不良关系，也会很快警醒，有力量从恶劣

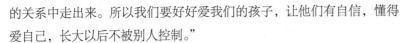

的关系中走出来。所以我们要好好爱我们的孩子，让他们有自信，懂得爱自己，长大以后不被别人控制。"

父母要为女孩的成长打好底色。与其培养一个事事顺从的"乖乖女"，不如培养一个在任何情况下都能独立、坚强的女孩，她不用依附谁，就能获得幸福。所以，当女孩说"不"时，父母应该高兴才对。

鼓励叛逆期女孩多与人交往

处于青春叛逆期的女孩喜欢把自己当大人看待，但事实上她们并不能确切地理解生活的艰辛，也不能真正明白社会的复杂，对自我的评价也不客观，要么过高，要么过低，所以当她们显露出"尖尖角"，向生活发起挑战时，往往会碰得头破血流。对于那些棱角分明、桀骜不驯、孤芳自赏的女孩，父母要教导她们学会与人交往，让友谊为青春增添明媚的色彩。

一、培养女孩随和、开朗的性格，引导女孩友好地待人处世

如果我们细心观察，就会发现每个班里都有几个不合群的女生，有的傲慢，不可一世；有的孤僻，不与人交往。其实每个青春期女孩都有与人交往的意愿和需求，她们期待自己受欢迎、被人喜欢，希望有三五个肝胆相照的朋友分享自己的快乐与悲伤，想和一两个能交心的人讨论自己喜欢的那个男孩。可是确实有一些女孩存在人缘差、不会与人相处的困扰。她们羡慕那些与人交往时落落大方的女生，尤其是能和男生打成一片的女生，认为她们不是漂亮就是学习好，一定有过人之处。如果女孩在青春期遇到交际方面的问题，只会羡慕别人，不去从自身查找原因并积极做出改变，是解决不了这个难题的。

父母如果仔细观察，不难发现，无论是表现得不可一世的女孩，还是沉默寡言的女孩，其内心都是非常脆弱的。这样的女孩期待有一个人可以主动走进她的生活，走到她的心里，把她当作"斯世当以同怀视之"

的知己。她不是不愿意与人交往，只是不善于与人交往。她不知道如何与人交往，却又不想暴露自己的这一弱点，于是就通过不屑一顾、特立独行来掩饰自己内心的脆弱和渴望。这时就需要父母去做那个打开女孩心扉的人，主动解开女孩的心结。父母可以推心置腹地告诉女孩不必压抑自己内心与人交往的渴望，听从内心的召唤才是真正的勇敢；父母应该有意识地提升女孩的人际交往能力，让她懂得谈话的技巧、表情管理、善于倾听、换位思考、诚实守信等人际交往法则；父母应该多赞美女孩，让她发现自身的优点，相信优秀的自己一定能够结交优秀的朋友。怀揣着这样的信念和愿望，女孩才能做到自信、开朗、随和，以一颗真诚的心对待身边的人和事。

二、引导女孩积极参加集体活动，快速融入集体生活

计划生育政策的实行，使得不少家庭只有一个孩子，不少女孩是家里的独生女。这样的女孩常常集万千宠爱于一身，多多少少会养成以自我为中心的思维模式和做事方式。这种思维模式和做事方式会让女孩在集体生活中碰壁。一个自己不做事却喜欢吩咐别人做事的女孩很容易引起周围人的反感，以至于没人愿意与她交往，甚至会被孤立。因此，父母要引导女孩积极参加集体活动，在日常生活中着重培养女孩的奉献意识和乐于助人的精神。"予人玫瑰，手有余香。"一个爱帮助他人的女孩，自然会赢得更多人的喜爱。

父母要鼓励女孩多参加健康的、高质量的聚会，提高女孩的人际交往能力。青春期是女孩由未成年人向成年人过渡的时期，这不仅指身体方面和心理层面的过渡，也指女孩能力的提升。父母要充分利用这个黄金阶段，培养和锻炼女孩的各项能力，尤其是社交能力。通过鼓励女孩与各种各样的人打交道，让她学到一些课堂上学不到的处世之道。

与异性的适度交往，对于青春期女孩的成长很有必要。父母不要草木皆兵，不要对女孩与异性的交往过度猜疑，更不要粗暴地阻止女孩与异性交往。如果女孩不能与异性正常交往，对女孩以后的恋爱和婚姻都会产生消极的影响。

　　青春期的女孩需要面对各种各样的压力，身体和心理的快速发育，往往让她们既感到兴奋又感到迷惘；紧张的学习、繁重的功课，让她们不敢有丝毫的松懈；父母过高的期望、过多的干涉，往往使她们不堪重负。于是她们会做出各种叛逆行为，以彰显自己的个性，补偿"渴望独立"这一内在需求未被满足的失落感。叛逆的结果是女孩无法与所处的世界和解，在人际交往中显得力不从心。这时父母要鼓励女孩做出改变，变孤傲为谦逊，变高冷为热心，在前行的路上有朋友，让真挚的友谊带给她温暖、信心和力量。

　　俗话说，友谊使欢乐倍增，使痛苦减半。真挚的友谊能缓解青春期女孩在人际交往和学习方面的压力。压力小了，女孩自然不会过分焦虑和叛逆，自然能够与人为善。在这种良性循环中，女孩必将快乐地完成由未成年人向成年人的转变。

教叛逆期女孩学会控制情绪

　　青春期是人体迅速生长发育的关键时期，也是继婴儿期后，人生第二个生长发育的高峰期。进入青春期的女孩，会经历以前未曾经历过的生理变化，比如生殖器官的发育、第二性征的出现、月经来潮等。随着生理上的急剧变化，女孩的心理也会产生波动；而且青春期是女孩从儿童向成人过渡的时期，不确定的因素很多，女孩一时难以适应，就会感到不安、焦虑，甚至变得易怒、暴躁。

　　芊芊一向乖巧懂事，可是进入青春期后，父母发现她的情绪十分不稳定，经常不是长吁短叹，就是大发脾气。妈妈看到她烦躁不安，学习成绩也一落千丈，便关切地问她是不是遇到什么烦心事了，芊芊却声嘶力竭地冲妈妈吼道："不要你管！"当爸爸过问芊芊的学习时，芊芊也表现得心不在焉，一直望着书本发呆。有时芊芊会莫名地高兴，有时她又会莫名地惆怅。爸爸妈妈看着女儿捉摸不定的情绪变化，最终一致认为，女儿一定是恋爱了，而且很可能是单恋或暗恋。但实际上，这只是父母的胡乱猜测。

事实上，情绪不稳定是青春期女孩的正常反应。青春期女孩心理上渴望独立和自由，但是认知水平和各方面的能力还停留在孩童阶段，这种自我期待和实际能力的不同步、不平衡，导致女孩充满矛盾、喜怒无常，情绪高涨时像火山爆发，情绪低落时则像泄了气的皮球。

面对青春期女孩大起大落的情绪变化，有的父母会呵斥女孩，有的父母会猜疑女孩谈恋爱了，这些错误的做法无异于火上浇油，使女孩更加控制不住自己的情绪。大部分女孩会和父母对着干，个别头脑简单的女孩甚至会产生离家出走的危险念头。

这个时候，父母要做的是：首先，控制好自己的情绪。其次，接纳和认同女孩的情绪。第三，教授女孩一些控制情绪的方法，帮助女孩把情绪稳定下来。

一、告诫女孩不要在愤怒时做决定

人在情绪激动时，智商往往为零，很容易做出错误的决定。尤其是对于叛逆期的女孩来说，更容易冲动，所以父母要教导女孩不在愤怒时做决定，等情绪平稳后再从长计议。这样既能有效地避免女孩做出错误的决定，也能避免女孩因承担不起严重的后果而引发更大的情绪波动。

女孩在愤怒的时候，不管有多重要的事情需要决断，都要先把它放一放。父母可以引导女孩去听听音乐、看看书、看场电影、跑跑步，然后再做决定。经过认真思考后做出的决定才是理智的决定。在不太离谱的情况下，父母应该支持女孩慎重考虑后做出的决定。

二、教导女孩运用积极的方式发泄坏情绪

当女孩受到坏情绪的困扰时，首先，父母应该及时地安慰她，站在女孩的立场，设身处地地感受女孩的情绪，理解和接纳她的情绪，允许女孩软弱、悲伤和发怒。接下来，女孩可能会采取极端的方式来发泄坏

情绪，比如伤害自己或他人。这时父母一定要耐心地做好疏导工作，陪伴在女孩身边，时刻关注女孩的情绪变化，引导女孩采用积极、正确的方法去发泄负面情绪。比如依偎在父母的怀里放声哭泣；到大自然中临山观水、栉风沐雨；美餐一顿；到健身房健健身，出出汗；或者什么也不做，只是蒙头大睡一觉。

青春期女孩的情绪，就像天气一样变幻莫测。当女孩情绪失控时，父母不要试图说服她。此时此刻，父母的理解和包容才是最好的治愈良药。父母要教给女孩一些行之有效的化解坏情绪的方法，比如深呼吸、倾诉、大哭、呐喊、运动、唱歌等，引导女孩合理地发泄情绪。经过不断强化正向的体验，女孩的自控能力一定会有所提升。总之，父母要教导女孩做情绪的主人，不做情绪的奴隶。青春期的坏情绪犹如一头野兽，女孩要想办法驯服它，而不是被它吞噬。

如何让无理取闹的女孩冷静下来

青春期的女孩最难教育，因为这一阶段的女孩，自主意识、独立意识变得越来越强，更善于观察事物的细节，更喜欢独立思考，更愿意自己做出判断和决定，常常因自己的敏感多疑而受伤。青春期的女孩不仅好面子、爱挑剔，而且脾气大、争强好胜、内心脆弱。在父母看来，她就是在无理取闹，却又打不得、骂不得。跟她讲道理也不行，因为她根本听不进去。她宁愿自己待会儿，也不愿意听父母唐僧念经似的唠叨。如果父母试图和女孩讲道理，只会让女孩情绪失控。

当女孩没事找事、无理取闹时，父母要做的不是说教，而是共情；不是训斥，而是安抚。父母不妨给女孩一个温暖的拥抱，表示对女孩的理解，让女孩的情绪稳定下来，回到理智状态。如果父母不分场合地对女孩进行说教，女孩会觉得很丢脸，认为父母不可理喻，从而跟父母疏远，甚至对父母充满敌意。

当父母对无理取闹的女孩进行安抚时，需要注意说话的方式。有时候，怎么说比说什么更重要。表达方式不同，产生的沟通效果往往有天壤之别。即使是同一句话，用不同的语气、在不同的场合讲出来，也会让心思敏感的女孩产生迥然不同的反应。所以父母在说话时，要讲究一点艺术性。

比如当女孩因为学习压力太大、学习成绩退步而乱发脾气时，父母尽量不要责备和批评。如果不知道说什么，就什么都不要说。可以给她倒杯水、切盘水果，等她情绪稳定下来再进行沟通。即使女孩确实学习不够努力，父母确实需要敲打敲打她，也应该委婉地提出批评，而且要就事论事，不要七拉八扯，更不要进行人身攻击。比如，可以说："如果你戒掉游戏，你至少能在班里进步10名，要不咱们试试？"千万不要说"你真是太笨了""你就是不爱学习""你根本就不是学习的材料"这类侮辱孩子人格的话。

面对无理取闹的女孩，父母要抱着解决问题的态度与女孩进行沟通。每个人都有自己的脾气，女孩有脾气，父母也有脾气。父母与女孩的区别就在于，父母能够控制自己的情绪，知道解决问题才是最重要的事情。父母要拿出应有的修养和气度，春风化雨般走进女孩的心里，睿智地帮助女孩解决问题。同时，以实际行动给女孩做出榜样，让女孩知道，一个心理成熟的人，不是没有坏情绪，而是善于控制自己的坏情绪。

青春期女孩自尊心很强，当众批评女孩会激起她的反抗心理。父母在女孩面前树立权威固然重要，但是与其高高在上、盛气凌人地命令女孩，不如成为女孩的朋友。父母只有像朋友一样和女孩进行沟通，才能赢得女孩的信任。否则，父母说什么，女孩都听不进去。无论父母多么苦口婆心地对女孩进行教育，也是无效的教育。

女孩在情绪失控时，最怕的就是父母的唠叨和批评。有些父母以为女孩不按自己说的去做是因为没听懂自己的意思，或者是女孩的改错意识不强，所以一遍遍地重复那些女孩已经听腻了的道理。父母喋喋不休地唠叨的结果就是让女孩不愿意听，也不愿意说，拒绝向父母敞开心扉。

爱唠叨和批评的父母不相信女孩具有独立思考的能力，不给女孩自我反省、自我调节的时间。父母唠唠叨叨，不仅让女孩产生疲惫感和厌倦感，而且让女孩的负面情绪呈爆发式增长。聪明的父母会认真倾听女孩在说什么，给女孩留出自我梳理、自我剖析、自我治愈的时间。亲子之间互相理解、接纳，才能做到有效沟通。

　　一位心理学家说，孩子发脾气，看似是在向父母施压，其实是在向最亲的人求助。在日常生活中，由于存在沟通障碍，父母和女孩往往会曲解对方的意思，尤其当女孩无理取闹时，沟通就变得难上加难。作为父母，一定要有足够的智慧，成为那个打破僵局的人，成为女孩青春岁月里的引路人。父母要以包容的态度，让无理取闹的女孩觉察自己的情绪、控制自己的情绪，回到理智状态。

帮助叛逆期女孩走出迷茫，走向成熟

　　作家刘同在《谁的青春不迷茫》一书中说："你觉得孤独就对了，那是让你认识自己的机会。你觉得不被理解就对了，那是让你认清朋友的机会。你觉得黑暗就对了，那样你才分辨得出什么是你的光芒。你觉得无助就对了，那样你才能明白谁是你的贵人。你觉得迷茫就对了，谁的青春不迷茫。"

　　确实，每个人都是从迷茫的青春期一路跌跌撞撞地走过来的。相比于男孩的大大咧咧，女孩的性格较为内向，心思较为缜密，做事较为谨慎。很多时候，女孩不像男孩那么大胆和自信。由于缺乏对外部世界的掌控力，女孩更容易陷入迷茫之中。这个时候，父母更要用心地去教导女孩，激发她的潜能和自信，鼓励她努力前行，逐渐从迷茫走向成熟。

　　在日常生活中，我们发现女孩会因为各种原因而自卑，因为自卑而看不到未来，因为看不到未来而愈发感到迷茫。有的女孩觉得自己发育迟缓、身材不好，从而产生自卑心理，不敢在众人面前展现自己；有的女孩因为学习成绩差，害怕被人嘲笑，于是不敢大声说话，也不敢发表自己的意见；还有的女孩性格内向、过分害羞，不敢与人交往，要么踽踽独行，要么一个人躲在不被人注意的角落里郁郁寡欢。青春期女孩的这些表现，都说明她比较自卑，自我评价过低。父母应该及时对女孩加以正面的引导，帮助女孩找到她身上的闪光点，告诉女孩：尺有所短，寸有所长，任何人都不必妄自菲薄。另外，父母可以通过仔细观察，找出女孩自卑的原因。有些问题可能根本就不是问题，而是女孩自我要求太高了。比如，有的女孩对自己的容貌不太满意，父母可以告诉她："你不算漂亮，但也不难看。你是独一无二的。"有些问题确实是问题，比如女孩学习成绩差。对于这个问题，父母要与女孩一起进行分析，是不够用功，还是学习方法不对？是课堂上没有专心致志地听讲，还是课后没有认真复习？只有找到问题的症结所在，才能对症下药。只有克服自身的弱点，女孩才会在一点一滴的进步中重拾自信和勇气，找到前进的方向和动力。

女孩自我评价过低，往往是因为缺爱造成的。内心的匮乏感会让女孩形成低自我价值感。明明很优秀了，仍然觉得自己不够好。父母过于严厉，亲子关系疏离，父母感情不和，家庭气氛压抑，父母不在身边，缺席孩子的成长，诸如此类的原因，都会引发女孩的焦虑和迷茫情绪。青春期的女孩正值世界观、人生观、价值观逐渐形成的时期，父母的关心和教育显得尤为重要，对于女孩未来的人生会产生重大的影响。父母一定要承担起正面管教女孩的责任，给予女孩足够多的温暖和关爱，让女孩有信心、有底气从迷茫的荆棘丛中走出来。

父母要引导女孩树立明确的理想，为迷茫的青春树立一座灯塔。有明确的人生理想，对目标极度渴望，女孩才会有根植于内心的自觉和强大的自驱力，而自驱力是女孩成就自我最可靠、最长久的原动力。

父母可以像朋友一样，和女孩谈谈她的梦想以及对未来的规划。在此过程中，父母切记不要带着批判的眼光看待女孩的梦想，更不能把自己的意愿强加给女孩。父母可以适当地为女孩提一些建设性意见，但前提是尊重女孩的想法。

在古希腊德尔菲阿波罗神庙的门楣上刻着一句话：认识你自己。苏格拉底以此作为座右铭，提醒自己对自我要有客观、清醒的认识。父母也应该引导女孩正确地认识自己，让女孩知道自己是个什么样的人，这是青春期女孩的必修课，对女孩未来的发展大有裨益。

女孩还应该知道自己想成为一个什么样的人。父母可以与女孩一起探讨她的近期目标、远期目标以及实现目标的途径；谈谈她的兴趣爱好、想考的大学、想从事的工作、想过的生活。女孩知道自己想要什么，才会全力以赴去追求自己的梦想，遇到困难和失败也不会动摇。女孩知道自己想要什么，才能拒绝一切不必要的干扰和诱惑，才能活得洒脱，不喜欢的事情就不做。

俗话说："三分做事，七分做人。""人"不过一撇一捺，却难写难做。父母在教会女孩做事之前，先要教会她做人。父母要让女孩清晰地知道"成人"应该拥有哪些责任、义务和权利，这才是家庭教育的基础和核心。

青春期的女孩愿望美好，经验单薄，大多数父母都愿意拿自己所有的知识、经验、心血，给女孩当养料。但是切记不能越界。父母可以给女孩传授经验，却不能代替她去体验青春的欢乐和疼痛。父母可以让女孩学会如何学习，但自我觉察、自我认知、自我接纳、自我突破，必须由女孩自己去完成。女孩只有经过一番艰苦的磨砺，才能从迷茫走向成熟。

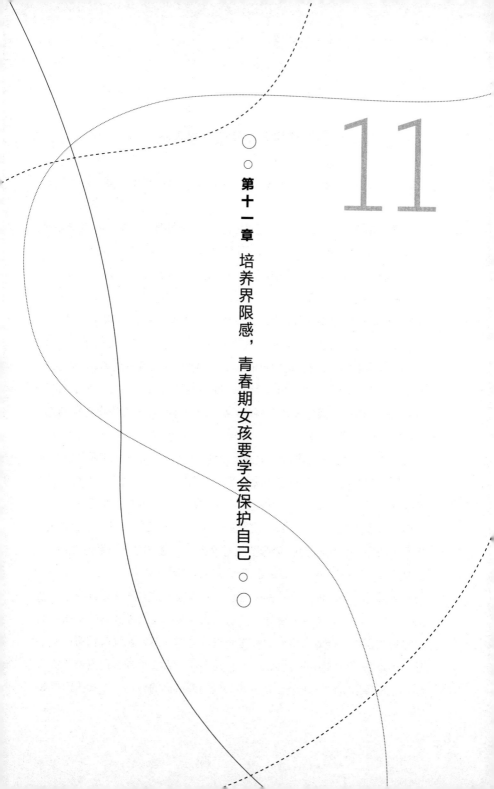

11

第十一章 培养界限感，青春期女孩要学会保护自己

女孩与人交往要有界限感

女孩与人交往要有界限感，人与人之间最好的关系，是亲近地保持距离。

界限感包含两个意思，一是心理上的，一是身体上的。保持界限感的基本原则是：管好自己的事，不干涉别人的事，顺应老天的事。

界限感之所以重要，是因为它能激发女孩独立自主的意识。没有界限感的女孩往往以自我为中心，习惯于不断地向他人索取却不愿意付出，习惯于肆意地发泄情绪却不愿意包容他人，习惯于让别人服从自己却不愿意服从别人。以这种幼稚的方式为人处世，人际关系肯定很糟糕。

女孩小的时候，父母会娇惯她，包容她，为她遮风挡雨；但是女孩不能一辈子都依靠父母、依靠家人，她总要学着自己长大，独立生存。如果她从小就对界限感没什么概念，那么长大后，就不太懂得尊重别人，也不懂得自我尊重。在生活中，经常有一些女孩因为与另一个人关系亲密而混淆了彼此之间的界限，比如因为对方是好朋友，所以不打招呼就随便用人家的物品，不打招呼就随便吃人家的食物，不打招呼就随便穿人家的衣服；再比如因为对方是宠爱自己的爷爷奶奶，所以就没规矩地爬到爷爷身上摘爷爷的眼镜、爬到奶奶身上抓奶奶的头发。以上种种，都是不尊重别人的行为。父母要教导女孩：无论与对方关系多么亲密，都要亲近地保持距离，不要做出没有礼貌的事情。

界限感还可以保护女孩的安全。没有界限感的女孩缺乏自我保护意识，一旦受到他人恶意的诱导就容易上当受骗。没有界限感的女孩，也很容易在言语、行为上出格。因为心里没有界限感，就没有长幼尊卑之分，于是在说话做事的时候，就很容易出现没大没小或者顶撞长辈的情况。父母可以从以下几个方面引导女孩约束自己的言行，让女孩懂得如何保持界限感。

一、父母要告诉女孩男女有别

图书市场上有许多关于性别教育的读本，父母可以买回来与女孩一起阅读，或者父母可以针对"男孩女孩有什么区别"这个话题与女孩进行讨论，比如可以从相貌、穿戴、性格、爱好、长大后从事的职业等方面进行比较，让女孩初步了解性别差异。

二、父母要培养女孩的隐私意识

父母要告诫女孩注意保护自己的隐私。日记、相册、视频等不要随意给人看，身体方面的隐私更要注意保护。父母要让女孩知道，凡是衣服遮挡的地方，都不能随便让别人触碰。如果有人摸了自己的隐私部位，应该立即告诉爸爸妈妈。有些调皮的小男孩偶尔会做出掀女孩裙子之类的事情，这是很无礼的行为。父母要叮嘱女孩，如果这种事情发生在自己身上，一定要立即制止对方并及时告诉老师和家长。

三、父母要尊重女孩的感受

小女孩因为性格温顺、模样俊俏，走到哪里都招人喜爱。许多人看到小女孩之后，就喜欢亲亲抱抱，拉拉小手，很多时候女孩心里是抵触的。这时候父母要尊重女孩的感受，在别人触碰女孩之前要征得女孩的同意。女孩不愿意让抱就不要抱，不愿意让摸手就别摸她的手。

四、父亲与女儿之间也要保持界限感

有一句话叫作"儿大避母，女大避父"。虽然女儿是父母的"小棉袄"，但随着女孩年龄的增长，父亲还是应该与女孩保持一定的距离。父亲与女儿过于亲密，女孩习惯了父亲无微不至的关爱，将来对其他男人干涉她的生活也会习以为常，从而影响女孩以后的婚恋关系。在父女关系中，父亲如果没有掌握好界限，那么女孩也会没有界限感，将来在与男性相处时就会无所适从，完全不懂得应该注意什么，傻傻地不知道设防，不会保护自己。

五、父母要以身作则，强调界限感的重要性

父母教育女孩要有界限感，父母首先要做到不"越界"，尤其不对女孩进行情感或者道德绑架。比如盛气凌人地对女孩说："你既然是我生的，就什么都得听我的。""我把你养这么大，看看你的日记怎么啦？""你为啥回家就把门锁上，干什么见不得人的事呢？"古人曰："己所不欲，勿施于人。"父母也经历过童年时代、少年时代和青春期，应该懂得女孩的心理。要求女孩尊重父母，父母也要尊重女孩，双方互相尊重，才能建立良好的亲子关系。

如果没有界限感，女孩很容易陷入糟糕的人际关系，要么习惯于不断地向他人索取，要么习惯于被别人索取而不敢吭声。

一个有界限感的女孩，在独立自主、性别认同、安全意识、礼貌规范等方面都会做得很好。一个有界限感的女孩，能够自觉地保持与他人的安全距离，从而更好地保护自己。即便在将来遇到问题时，也能够独立地面对。

青春期身体变化对女孩心理的影响

青春期一般指的是 11~16 岁这一时间段。青春期女孩的身体和心理处于快速发育阶段，其主要特点是身心发展迅速而又不平衡，是感到兴奋、迷惘，充满矛盾和挣扎的时期。

如果光从生物学的角度来看，青春期始于第二性征的出现和生长突增，止于性成熟和体格发育完全。据统计，女孩最早 7 岁、最晚 13 岁进入青春期，但有学者指出，近几十年来，人类在生物性成熟方面存在着全球性提前的倾向，主要表现为青春期提前到来和青春期总体时间缩短。不管是在医院还是在各大媒体，关于女孩性早熟的话题频频被提起、被讨论。这是由于科技的发展、现代文明的普及、气候变化、环境污染等多种因素造成的。其中饮食问题是导致女孩性早熟的主要原因之一。据调查，很多女孩喜欢吃洋快餐和油炸食品。有的家长还会给孩子乱吃

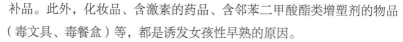

补品。此外，化妆品、含激素的药品、含邻苯二甲酸酯类增塑剂的物品（毒文具、毒餐盒）等，都是诱发女孩性早熟的原因。

女孩青春期的生理变化主要表现在以下几个方面：一是生长突增，女孩的身高和体重迅速增加。二是性器官发育，性意识觉醒。生殖器官在青春期之前发育得非常慢，一旦进入青春期，发育速度会迅速上升。三是第二性征发育，第二性征指身体形态上的性别特征，也称副性征，比如女孩的乳房隆起、体毛出现、骨盆变宽及臀部变大等，第二性征的出现使少年男女在体征上的差异凸显出来。四是身体成分的变化，主要表现为脂肪和肌肉的数量与分布发生变化。五是循环系统和呼吸系统的发育，女孩的活动力量和耐力增强。

一、青春期体内的激素变化直接影响女孩的心理状态

比如女孩月经周期的第 22 天，随着雌激素和黄体酮分泌量的增加，大约有 40% 的女孩会有更为强烈的抑郁、焦虑、烦躁、自尊心下降、疲倦及头痛等感受；再比如青春期时，女孩的内分泌腺相对活跃，分泌的甲状腺素、肾上腺素水平较高，这会使女孩的全身组织迅速发育，促使大脑和神经系统更为兴奋，因此女孩在这一阶段会表现得情绪不稳定，神经系统也容易疲劳。

二、青春期的女孩格外关注自我形象

青春期的女孩非常喜欢照镜子，特别关注自己的高矮、胖瘦、体态、容貌、气质等；青春期的女孩非常在意他人对自己穿着打扮的反应；如果相貌、身材、穿着打扮等方面有不太满意的地方，女孩就会非常焦虑。研究表明，与男孩相比，女孩在青春期对自己的身体要求很高，满意度却很低。随着青春期身体成分的不断变化，特别是脂肪的增加，女孩对自己的身体会越发地不满意。

三、帮助女孩了解生理期知识

女性的生理周期，根据其特点可以分为月经期、安全期及排卵期。

一般在月经正常的情况下，下次月经前 14 天左右为排卵日，排卵日的前 5 天及后 4 天，连同排卵日加在一起共 10 天，称为排卵期。月经期正常为 3~7 天，其余时间则为相对的安全期。

女性每隔一个月左右，子宫内膜会发生一次自主增厚、血管增生、腺体生长分泌以及子宫内膜脱落并伴随出血的现象，这种周期性阴道排血或子宫出血现象称为月经。女孩第一次来月经叫作月经初潮，一般发生在 12~18 岁。但是由于受到经济条件、生活环境、身体发育等方面的影响，时间有早有晚。即使是同一个班的女生，也会有人初潮来得早，有人初潮来得晚。假如女孩过了 18 岁仍然没有月经，父母就应该带女孩到医院做一次全面的妇科检查。

虽然随着时代的进步，人们的观念日益开放，但仍有一些愚昧的人将月经视为"禁忌"，觉得肮脏、邪恶。父母应该告诉女孩，女性成熟就是以每月规律性排卵为标志的。来月经说明女孩身体健康，月经是一种正常的生理现象，女孩不用为此感到羞耻和难堪。

1. 女孩在经期要注意个人卫生

女孩在月经期间，由于身体机能的变化，抵抗力会有所下降。倘若不注意经期卫生，往往容易引起急慢性疾病，影响女孩的身体健康，甚至会影响女孩的生育能力。在月经期间，为防止细菌上行性感染，女孩应每天清洗外阴；要勤洗、勤换内裤；要选用质量合格、有信誉保证的卫生用品，注意及时更换，尤其是在夏天，更要注意勤换；购买药用卫生巾时一定要慎重，谨防皮肤过敏；洗澡时选择淋浴，不要在澡盆里面坐浴或者使用公共浴池、浴盆，以防交叉感染；要选用棉质、透气性好的内裤，不穿紧身衣裤，保证阴部的清洁和卫生。

2. 女孩在经期要注意合理饮食

为防止痛经，女孩在经期应多吃富含蛋白质、钾、锌、镁的食物，如红枣、红豆、薏米、菠菜、动物肝脏等；不要暴饮暴食；不要饮酒、喝浓茶、喝咖啡；也不要吃生冷和辛辣的食物，许多女孩喜欢吃冰激凌，在经期应该忌口；经期尽量吃容易消化、营养丰富的食品，多喝热水，多吃水果蔬菜，补充身体能量。

3. 女孩在经期要注意保暖，避免受凉

在经期，女孩的免疫力会下降，这个时候如果受凉很容易感冒。盆腔本来充血，受到刺激后，盆腔血管收缩会发生月经减少甚至停止的状况。因此女孩在经期不要坐在阴冷潮湿的地上，不要淋雨，不要下水游泳，不要用冷水洗头、洗澡。夏天的时候天气炎热，许多女孩喜欢打开空调，待在空调房里面使劲吹冷气；冬天的时候天气寒冷，有的女孩为了美丽，穿很少的衣服，要风度不要温度，这些做法都是错误的。不管是夏天吹空调还是在冬天穿很少的衣服，都容易使女孩受凉，导致痛经或月经不调。

4. 女孩在经期不要进行剧烈的运动

我们在学校经常会看到，有些女孩在经期由于出现腰酸腹痛等不舒服的感觉，认为自己不适合参加体育锻炼，因此就请假不上体育课。其实适当的体育锻炼可以改善盆腔内的血液循环，让女孩在经期保持一个较好的身体状态。只是运动不要过于剧烈，可以适当地走一走，不要进行跳高、百米冲刺、踢足球等剧烈的运动，因为剧烈的运动会使子宫内膜充血，造成月经过多、经期过长。

5. 女孩在经期要注意休息，避免疲劳

有一句话叫作"女子以血为本，以肝为先天"，肝血对女孩至关重要。肝血不足，月经量容易变少甚至闭经，皮肤容易粗糙、长斑、长痘，而养肝血最好的方法就是睡觉。女孩在经期本来抵抗力就已下降，如果还不好好休息，身体过度劳累，就会影响身体各器官的功能，同时还会影响新陈代谢。因此女孩在经期切记不要熬夜，还是早点上床休息为好。

6. 部分女孩在月经来潮前几天会出现身体不适的情况

有的女孩在月经来潮前几天会出现身体不适的情况，比如恶心、腹痛、乳房肿胀、头晕、失眠、易怒等，通常到月经来潮后才会逐渐消失，这种情况称为经前综合征。究其原因，一是体内激素水平发生变化，雌激素相对过多；二是精神因素，比如学习压力过大、人际关系紧张等；三是遗传、个人体质等方面的原因。女孩在月经来潮前精神要尽量放松，闲暇时可以做一些自己喜欢的事，比如听音乐、画画、做手工等，想办

法转移自己的注意力。还有一部分女孩在月经前或者月经来潮后会出现腹部疼痛难忍的情况，轻则恶心呕吐，重则手足冰凉甚至昏厥，这种情况称为痛经。女孩可以用热水袋对腹部进行热敷，同时可以喝一点红糖水，注意休息，不要过度劳累。疼痛较厉害时，应该在医生的指导下服药和治疗。

女孩十来岁来月经，每月一次，会一直持续到四五十岁，这是一种不可避免的正常的生理现象。女孩一定要爱护自己，注意调理，千万不要犯傻，万一落下病根，将会痛苦一生。

告诫女孩与异性相处要把握好分寸

在中学校园，如果一个女孩跟某个异性走得比较近，交往的次数多、时间长，就会引来一些流言蜚语，有个别好事之徒，甚至认为他们存在不正当的关系。其实，青春期的女孩既对异性有一种朦朦胧胧的好奇心理，又非常敏感和排斥与异性的亲密往来。对于中学生来说，学会如何与异性交往，是中学生活的一项重要内容。男女生的正常交往，既有利于同学间的团结、班集体的建设，又有利于女孩提升人际交往能力。男女生在性格、爱好、眼界、思维等方面都各有所长，通过正常的交往，可以互相影响，互相促进，从而得到全面发展。不过，如果女孩在与异性交往时不注意把握分寸，就很容易出现问题，引来麻烦，甚至受到伤害。

一、女孩与异性交往，应该以集体交往的方式为主

在学校这个大集体中，性格活泼的女孩能够充分发挥自己的优势，与同学建立良好的人际关系；性格内向的女孩，也因为与男生共同上课、共同参加课外活动，有了互相接触、交往的机会。集体活动的形式丰富多彩，比如唱歌比赛、朗诵比赛、课外兴趣小组等，随着参加集体活动的次数越来越多，每个人的特点都会显现出来。女孩在参加集体活动时面对的是一群人，会发现不同的人有不同的优点，女孩的眼界就会变得

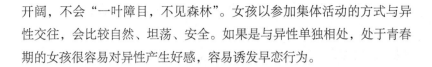

开阔，不会"一叶障目，不见森林"。女孩以参加集体活动的方式与异性交往，会比较自然、坦荡、安全。如果是与异性单独相处，处于青春期的女孩很容易对异性产生好感，容易诱发早恋行为。

二、女孩与异性交往时，言谈举止要得体，避免产生误会

青春期女孩在与异性交往时应该保持一定的距离，避免过于亲密的肢体接触，不要打闹嬉戏、拉拉扯扯。

在小学低年级的时候，男孩女孩手拉手没什么问题，别人也不会多想，但如果到了中学阶段，男女生还手拉手，这就不太妥当了。

女孩说话不要太随意，如果口无遮拦，想到什么就说什么，很容易给人留下随便、轻浮的印象，比如"哥哥""妹妹"之类的称呼，就显得过于亲昵。还是以同学相称，或者直接叫名字更为庄重。

另外，女孩不要说粗话、脏话，不要让人觉得你没有教养、没有素质、没有礼貌；女孩穿衣打扮也要得体，不要穿过于暴露的服装或者奇装异服。总之，女孩在与异性交往的过程中，应该言语得体、举止自然，既不过分夸张，也不闪烁其词。

三、如果女孩对异性产生了好感，要懂得克制

女孩对异性产生好感，这是性意识觉醒和成熟的一个标志，但女孩不该将朦胧的好感等同于爱情。在小学、中学阶段，应以学业为主，将这份青涩的感情珍藏在心里。女孩不要贸然给异性写纸条或发短信，更不要随便与异性约会。

有人曾经在中学校园做过一项调查，调查的内容是"面对情感困惑你会怎么做"。73.35%的学生首选"自己想办法解决"；其次选择"跟朋友或同学诉说"；选择"向老师倾诉""与父母沟通交流"等方式的很少。因此，父母要告诉女孩，对异性产生好感时，不要紧张和恐慌，要向自己信任的人寻求帮助，通过倾吐心声缓解焦虑情绪。

掌握与异性交往的分寸，学会得体地与异性交往，是一项很重要的生存技能。青春期女孩在与异性交往的过程中要自重，不要过分亲昵，

不要乱开玩笑，不要让异性触碰自己的身体，不要跟异性有金钱上的往来，不要随便跟任何异性单独相处。总之，既要自然、适度，又要有所警惕。最重要的是对自己负责，绝对不能触碰底线。

教导女孩树立正确的恋爱观

在通信技术十分发达的今天，人与人之间的联系更加方便快捷，如果有一天，家长意外地发现女儿与异性的交往超越了友谊的界限，比如用 QQ 或者微信频繁地联络，经常打电话、发短信等，这个时候家长就会产生一种紧张情绪，甚至十分恐慌，心想，女儿是不是谈恋爱了？对此，家长不必过分紧张，应该先让自己冷静下来，与女孩进行有效的沟通，引导女孩树立正确的恋爱观。

一、女孩早恋，父母不必过于紧张

在学校里，男女生之间经常会有一些接触和交往，但并不是所有的接触和交往都是早恋，父母和老师不要杯弓蛇影、草木皆兵。

当女孩出现早恋的苗头时，父母的反应不宜过于激烈，当然，也不能鼓励女孩谈恋爱。发现女孩早恋后，父母生气、发火都于事无补，对解决整个事件有害无利。即使心里非常生气，有天大的怒火，父母也要先控制好自己的情绪，然后再理性地面对女孩的早恋问题。

某中学就曾经在食堂分设了男生就餐区和女生就餐区，严格禁止男女生吃饭时"混坐"。如果"混坐"，一旦被巡查的老师发现，就会遭到严厉的训斥。学校的这种做法，夸大了异性交往的风险，"一刀切"的方式过于简单粗暴，并不可取。

同样，在家里，如果父母用偷看女孩的手机、日记，监听女孩的电话，严令女孩不能与异性交往等手段严防死守，有可能激起女孩的逆反心理，不让她做的事情她偏要去做，使事态朝着父母最不愿意看到的方向发展。

与上述家长相反，有一些家长会走向另一个极端，认为女孩恋爱是独立、成熟的表现："女孩早点恋爱，知道怎么看人，以后就不会随便找个人回来。"家长这样做只会放纵女孩，使女孩分辨不清对错，在本该努力学习的大好时光虚度了青春年华。家长应该以平和、开明的心态，引导女孩说出自己的困惑，了解女孩心里真实的想法。家长既不要不闻不问，也不要抹黑、丑化异性间纯真的感情。正确的做法是：让女孩明白恋爱虽然是一种正常现象，但早开的花早凋谢。父母要以平等、尊重的语气，推心置腹地跟女孩讨论早恋的利弊，让她明白在小学和中学阶段，主要的任务是学习。

恋爱是一件美好的事情，女孩早恋，说明她身上有闪光点，她的魅力被异性发现了，但中学阶段的男孩对异性更多的是好奇，对异性的好感是朦朦胧胧的，还分不清楚什么是喜欢什么是爱。所以一个不成熟的男孩能够给予女孩的感情是青涩的，并不可靠。

中学生学业繁重，在这个阶段谈恋爱会严重地分散精力，影响学习。即使两个人是真的喜欢，也不具备对彼此负责的能力。首先，经济上没有独立。其次，未来不可知的因素太多。随着女孩心智的成熟和社交范围的扩大，很大概率会碰上更优秀、更适合她的人。调查发现，早恋的成功率很低。女孩与其把大好时光浪费在一件大概率会失败的事情上，不如好好学习，"让20年后的你感谢现在的自己"。

二、具备爱的能力才有资格谈爱

有些女孩早恋，是因为自身的情感需求比较强烈。这种情况多半可以从她的原生家庭中找到原因，比如父母感情不和或者父母远在外地，平时不能给予女孩足够多的关爱，造成爱的缺失。在这种情况下，女孩就会通过其他途径寻找感情的慰藉，比如发生早恋行为。为了防患于未然，父母应该从小给予女孩足够多的关心和爱护。当女孩出现早恋的苗头时，父母要耐心地引导，通过良好的亲子关系满足她的情感需求。

有的女孩早恋是因为生活或学习上遇到困难和挫折，失意的情绪无法排解，或者在集体中存在感较低，得不到关注和理解，因此通过早恋来寻求某种安慰和补偿。面对这样的情况，父母应该帮助女孩克服现实中遇到的困难，解决横亘在女孩面前的具体问题。

还有一种情况，女孩早恋的原因很单纯，就是出于异性之间的相互吸引。青春期的女孩风华正茂，情窦初开，很容易对异性产生好感和爱慕，此时家长应该积极地与女孩进行沟通，帮她分析早恋的利弊，提醒她自尊自爱，避免产生严重的后果。

苏联教育家苏霍姆林斯基曾经这样教导早恋的孩子："要记住，爱情首先意味着对你的爱侣的命运、前途承担责任……爱，首先意味着献给，把自己的精神力量献给爱侣，为他（她）缔造幸福。"恋爱不仅仅是对自己负责、对现在负责，恋爱还意味着对对方负责、对未来负责。作为一名学生，经济尚且不能独立，自己的生活都得依靠父母，又何谈为对方承担责任和义务呢？而且，由于年纪小，心智不成熟，早恋的女孩容易出现情绪不稳定、与恋爱对象发生矛盾、移情别恋等问题。当然，最直接的弊端是影响学习。不仅影响自己的学习，而且影响对方的学习，这也是对对方不负责任的表现。

三、教导女孩识人、辨人

对于刚刚步入青春期的女孩，父母要教导她擦亮眼睛，学会识人、辨人，以免上当受骗。

现在电视上经常播放一些甜剧，网上也有许多甜文，许多女孩受其影响，傻傻地分不清哪些是真实的，哪些是虚幻的，常把艺术作品中虚构的人物当作真实的人物，误把虚幻的世界当成真实的世界。对此，父母一定要让女孩知道现实世界的残酷。比起教会女孩善良，父母更应该教会她识人。因为"不识字的人也许会丢饭碗，不识人的人可能会丢命"。父母甚至可以现身说法，比如妈妈可以告诉女儿："我当年之所以和你爸爸结婚，是因为看上了他的人品。"父母要让女孩明白，看人不能只看外表，要看品行。不要听他怎么说，而要看他怎么做。诚实、守信、正直、善良等品行，胜过一切甜言蜜语。现在的大部分家长视早恋为洪水猛兽，但一味地反对是没有用的。与其心神不定地担心女孩早恋，不如提升女

孩看人、识人的能力。毕竟，害人之心不可有，防人之心不可无。

　　每一位家长都把自己的女儿当作心肝宝贝。但未来的路，需要女孩自己走，父母不能时时守护在她身边，也不能事事替她想、替她做。既然如此，父母更应该帮助女孩擦亮眼睛，为她以后顺利地步入恋爱和婚姻打下基础。

四、父母要全面、科学地对女孩进行性教育

　　早恋的女孩由于年纪太小，加之荷尔蒙分泌旺盛，很有可能控制不住自己，偷食禁果，而不当的性行为会给女孩造成终身伤害。

　　一个16岁的女孩一年做了5次人流，医生非常痛心，想给她讲一些避孕方面的知识，结果这个16岁的女孩一脸稚气地问医生："流产不就是避孕吗？"一说起这事，医生就会摇着头唏嘘不已。

　　父母一定要给女孩讲清楚偷食禁果的危害，女孩虽然来了月经，具备了生育能力，但子宫还没完全发育成熟，流产、早产会引起阴道炎、盆腔炎等各种妇科病，甚至会留下习惯性流产、不孕不育等后遗症。身体上的伤害是一方面，另一方面，也会给女孩的心灵留下难以磨灭的伤害，比如担心父母知道、害怕被人指指点点、害怕男友的背叛等等，从而背负沉重的心理负担。除此之外，过早的性行为还可能造成性冷淡，对将来的婚姻生活造成不良影响。

　　歌德在《少年维特之烦恼》中说："哪个男子不钟情？哪个少女不怀春？"女孩只要不做什么出格的举动，对异性产生好感是完全正常的。如果父母处理得当，这种朦朦胧胧的情感不但不会成为女孩成长道路上的障碍，反而会让女孩的认知水平、自律能力得到提升。古罗马喜剧作家普劳图斯说："适当地用理智控制住爱情，有利无弊；发疯似的滥施爱情，有弊无利。"

拒绝不良信息，让女孩远离性伤害

2018 年，一位有"魔兽老玩家"之称的妈妈在网上引发了科里斯事件。在这个事件中，一个 15 岁的男孩和一个 10 岁的女孩以"老公""老婆"互称，男孩不断引诱女孩做各种不良的事情，让女孩学"文爱"，还让女孩养他。女孩的妈妈与男孩的矛盾爆发后，男孩将两人的聊天记录发布到网上，并教唆女孩离家出走。令人感到齿寒的是，男孩竟然得到不少同龄网友的声援，这些人用恶毒的语言在评论区对女孩的妈妈进行人身攻击，最终女孩的妈妈选择了报警。

随着网络的普及，网民越来越低龄化，家长根本无法禁止孩子通过手机、电脑等电子设备上网，因为网络技术的飞速发展和广泛应用已经是大势所趋，强行禁止孩子不上网肯定是禁不住的。在商场、饭店等公共场所，经常可以看到一些满脸稚气的女孩熟练地摆弄着手机。网络给人们的生活带来了许多便利，让女孩能快速、全面地获取信息，能利用网络进行学习，还能满足女孩社交的需求，但同时网络也有诸多弊端，是一个有野兽出没的危险丛林。

一位妈妈已经数不清多少次删掉女孩手机里的"快看"和"抖音"了。拿"抖音"来说吧，上面经常发布一些有意思的事情，大人都很容易沉迷其中，更别提自制力还比较差的孩子了。

虽然删掉了所有视频类 APP，但这位妈妈很快就觉得不太对劲，因为女儿经常半夜躲在被窝里偷偷翻看手机。通过观察，妈妈发现女孩原来是在网上读一部漫画书，而这部漫画书里充斥着色情和暴力等低俗的内容。无奈之下，这位妈妈只好强行命令女儿删掉除学习之外所有的APP，并严厉警告她未经父母允许，再也不准安装任何 APP，也不准访问有不良信息的网站。

过去社会上传播淫秽、色情信息，主要是以黄色书籍、黄色光盘为媒介，现在传播的方式更加多样、快捷，内容更加露骨、变态，而青少年是网络黄毒最大的受害者。众所周知，网络色情信息会使未成年人的性意识出现偏差，导致其人生观、价值观扭曲，信仰和人格丧失，引发网络成瘾、神经衰弱、应急障碍等精神疾病，给这些身心正处于快速发育期的孩子造成一生的痛苦。

一、家长应该开诚布公地与女孩讨论网络不良信息问题

通常来说，女孩刚开始接触到网上的不良信息时，是既害怕又害羞又觉得不舒服。由于害怕受到父母的斥责，她们往往不敢与父母谈论这个问题。父母不妨大大方方地告诉女孩："我们不会因为你无意中看了成人网站上的信息而生气。对性的好奇是一种正常的生理现象，只不过你现在身心发育尚未成熟，过早地接触这些信息有害无益。"在北欧一些国家，家长们经过实践发现，越早对孩子进行性教育，色情信息对孩子的影响越小。破除了未知，孩子就不会那么好奇了。

二、家长一定要充分了解女孩的网络使用情况

家长一定要充分了解女孩的网络使用情况，最好在女孩即将接触网络时，就与她约法三章，帮助女孩制定一个网络使用守则。比如女孩下载任何东西都必须请家长把关，不在网络上暴露私人信息，对陌生邮件、陌生人、陌生礼物要提高警惕，等等。家长可以下载防护软件，对电脑进行安全设置，过滤色情网站发布的不良信息。也可以与女孩一起探索网络世界，在实践中对她加以引导。比如遇到色情广告弹窗，家长可以明确地告诉女孩这是什么广告，商家为什么要推送这类广告，这类广告有什么危害，叮嘱女孩以后一定要避开这些广告链接，看到后绝不点击。

三、家长应该引导女孩将网络世界和现实世界分开

家长要引导女孩将网络世界和现实世界分开。提醒女孩不在网络上随便交友。现实生活中出现过不少女孩惨遭网友侵害的案件，未成年女孩兴冲冲地跑去会见网友，结果遭到网友的猥亵、奸杀等。父母一定要

告诉女孩，网络是一个虚拟的世界，网络中的一切与现实生活相去甚远。现实中冷酷的杀手，在网络上可以把自己包装成善解人意的多情公子。不管怎么说，人身安全最重要，千万不要轻信于人，受人摆布，更不能随便去见网友。

花季少女最容易成为不法分子下手的目标，父母提醒女孩远离不良信息，远离性伤害，并不是不让女孩使用电脑和手机，而是说父母一定要加强监管，丝毫也不能大意。网络是一把双刃剑，父母在支持女孩上网的同时，更要为女孩保驾护航，不让不良信息对女孩造成"精神污染"，不让女孩在网络中迷失方向、迷失自我。

第十二章 完美父母的不言之教

父母一定要言而有信

历史上有个著名的曾子杀猪的故事。

曾子的妻子要去集市，儿子跟在后面哭着也要去，曾子的妻子就对儿子说："你回去吧，等我回来杀头猪给你吃。"小孩子一听说有猪肉吃，就欢天喜地地回去了。

曾子的妻子从集市回来，见曾子正要去抓一头猪来杀，连忙制止道："我说要杀猪，只不过是哄小孩玩儿罢了。"

曾子说："不能跟小孩开玩笑。小孩不懂事，全靠父母来教导他。他会向父母学习。今天你欺骗孩子，就是在教他欺骗。母亲欺骗儿子，做儿子的就不会相信自己的母亲，这样是教育不出好孩子的。"于是曾子就把猪杀了，把肉煮了。

父母言而无信会导致各种不良后果，其中之一是影响亲子关系。中国青少年研究中心的专家们曾经在全国做过一项调查，在"中小学生最讨厌父母的 12 种行为"中，"说话不算数"占 43.6%，排在第一位。许多父母都觉得孩子还小，什么都不懂，跟他说过的话转头就忘了，根本不会当真。其实，正因为他是小孩，像一张白纸，父母更应该教育他诚实守信，帮他打好生命的底色。

有一个 7 岁的小女孩，父母本来答应周末带她去海洋公园玩儿，结果非但没有去，还给她加了一节钢琴课，女孩一怒之下离家出走了。

女孩的行为固然不可取，但其父母的做法也很成问题。父母如果一次又一次地言而无信，孩子就会失去对他们的尊重和信任，以后有什么事情，宁愿默默地埋藏在心里也不愿意告诉父母。有些偏执的孩子，甚至会做出离家出走这样极端的事情，后果不堪设想。

一、父母言而有信，才能教出诚实守信的女孩

在现实生活中，有些父母往往为了摆脱眼前的困境而哄骗女孩。比如逛商场的时候，女孩看到新款的玩具，吵着闹着非要买，父母既不想买，又不想让女孩在公共场合打滚哭闹，于是就哄骗她说："回家上网买，网上便宜。"可是回到家之后，任凭女孩怎么哭闹，父母也不给买。父母随随便便地欺骗女孩，女孩有样学样，也学会了哄骗他人。如果父母发现女孩有撒谎骗人的现象，首先应该反思一下自己平时有没有做到言而有信。

二、父母不可轻诺寡信

父母给了女孩一个承诺，就意味着父母与女孩之间有了一个约定。无论出现什么情况，父母都要想方设法完成这个约定。比如父母在答应带女孩出去旅游之前就要考虑周全，有没有时间？手头是否宽裕？能不能订到酒店？这些问题都要想清楚，而不是头脑一热，一拍脑袋就答应了，结果却发现条件不允许，根本实现不了。父母要根据自己的实际情况给女孩一个承诺，如果明明没有能力完成，却许下诺言，即使出发点是好的，那也是一种欺骗。

父母不能因为贪图一时痛快或者一时便利而哄骗女孩，那样会给女孩带来长久的伤害，得不偿失。父母是女孩学习、模仿的对象，哪怕答应女孩的是一件非常小的事情，父母也要履行承诺。

父母不要当着女孩的面吵架

有些年轻的父母脾气火暴，爆发冲突时，往往控制不住自己的情绪，会不管不顾地当着女孩的面吵架或者打架。他们觉得女孩年纪小，不懂事，即使看到、听到，也会很快忘记。事实却并非如此。心理学家经过

调查发现，即使是婴儿期的女孩，通过听觉感受到父母强烈的吵闹声也会非常痛苦。她的身体会变得僵硬，神经高度紧张，试图把自己封闭起来以求自我保护，小小年纪便受到了伤害。所以不管女孩年龄大小，父母都不要在女孩面前吵架。

一、父母经常吵架，会让女孩缺乏安全感

家是每个人疲惫时栖息的港湾，是世界上最温暖的地方。女孩在家里充分感受到父母的爱，才有勇气和力量去面对人间冷暖、世态炎凉。如果女孩在家里得不到关怀，她的感情就会失去依托。对于女孩来说，如果连最亲密的父母都恶言相向、拳脚相加，那么还有谁值得信任？女孩整天生活在焦虑和恐惧之中，她会忍不住去想：父母是因为我而吵架吗？他们会不会离婚？他们还爱我吗？动荡的家庭环境会让女孩严重缺乏安全感、归属感。

二、父母经常吵架，会让女孩的性格变得敏感多疑

哪怕家里只有一丁点儿风吹草动，女孩都会感到非常惊恐：父母是不是又要吵架了？暴风雨又要来了吗？

父亲母亲是女孩最亲近的人，在目睹了父母的争吵和冷战之后，女孩很难相信人与人之间能建立亲密关系，也很难再相信任何人。她们往往会带着猜疑的目光去看待他人。这对女孩以后的人际交往是非常不利的。

三、父母经常吵架，女孩以后也会用吵架的方式解决亲密关系中的矛盾

当夫妻之间出现矛盾时，应该好好协商解决。如果互相责骂、互相攻击，女孩在潜移默化中受到影响，将来也会用攻击行为来解决亲密关系中的矛盾。比如在一些吵架行为中，女方会用一哭二闹三上吊的方式来要挟男方，逼其就范。女孩看在眼里、记在心里，在以后的婚姻中，很可能会用同样的方式来试图解决问题。美国华盛顿大学的约翰·格特

曼教授花费了数十年时间，研究婚姻中的争吵行为。他认为导致夫妻双方离婚的不是吵架，而是吵架的方式。父母有了矛盾，可以坦诚地说出来。在表述时要注意措辞，尽量客观地陈述事实和自己的感受，而不是愤怒地指责对方，甚至进行人身攻击。父母错误的示范作用，只会让女孩在以后的婚姻中习惯于把过错归到他人头上。

四、父母经常吵架，影响女孩的身体发育

在女孩的心目中，父母是伟大的、完美的。当父母之间发生冲突时，女孩心里非常着急，但是由于年纪小，她不知道应该怎么应对、怎么处理。当女孩无意中发现只要自己生病或受伤了，父母就会停止争吵转而关心自己时，她就会通过生病来转移父母的注意力。

生活中难免会有磕磕绊绊，夫妻之间出现分歧和矛盾是正常的。出现矛盾时，尽量不要吵架；如果实在想吵，尽量避开孩子，等女孩离开后再进行沟通；如果之前已经当着女孩的面吵过架了，也可以做一些事后的补救工作，比如当着女孩的面和好，鼓励她大胆地说出自己的感受，然后耐心地安抚女孩的情绪。

父母给女孩创造一个融洽、和睦的家庭氛围，女孩才能健康快乐地成长，并且在成长过程中获得无尽的信心和勇气。

离异父母如何养育女孩

人们对离异家庭的孩子存在某些偏见，一提起离异家庭的孩子，人们的脑海里往往会浮现出"缺爱""性格孤僻""问题孩子"等不好的印象。但实际上，在一个家庭里，如果夫妻二人的感情确实走到了尽头，生活只剩下永无休止的争吵或者冷战时，与其让女孩每天都生活在痛苦的环境中，不如给她相对平静的生活。两害相权取其轻，这时父母离婚反而对女孩的伤害会小一点，但是离异之后，单亲父母需要注意以下几个问题。

一、不要将自己的不幸，怪罪到女孩身上

有的父母离婚后，因为生活得不如意或者其他原因，会经常向孩子抱怨："我离婚还不是为了你！""要不是因为你，我怎么会落到今天这步田地！"婚姻的失败，应该由成年人承担责任，而不是把这口大锅甩给孩子。一旦女孩认为自己是父母离异的罪魁祸首，就会对自己产生一种深深的厌恶感，陷入自责和内疚的泥潭之中，引发身体或心理疾病，甚至一生都沉浸在痛苦中无法自拔。

二、不要在女孩面前指责前妻或前夫

许多离异父母情绪不稳定，认为前妻或前夫是个人渣，给自己带来了深深的伤害。他们不但会在女孩面前数落和诅咒对方，有时甚至阻挠对方与女儿见面。女孩夹在父母当中，会陷入两难的境地。一方是自己的亲生父亲，一方是自己的亲生母亲，偏向哪一方，都让她觉得是对另一方的背叛，内心的激烈冲突可能会让女孩人格分裂。

三、不要因为心怀愧疚而对女孩百依百顺

有的父母因为没能给女孩提供一个完整的家庭，心里觉得非常遗憾和愧疚。在赎罪心理的驱使下，无论女孩提什么要求，父母都竭尽全力去满足。父母过于溺爱女孩，会让女孩养成以自我为中心的毛病，不懂得顾及他人的感受，甚至在内心深处产生一种极其错误的想法：因为你们离婚了，所以你们就应该加倍地对我好，这是你们欠我的。在这种情况下，父母很难管教好女孩，女孩很可能会自甘堕落。

调查发现，父母婚姻破裂，确实会给孩子的生活和身心带来消极影响，但女孩身心的创伤并非都是由父母离婚造成的，而是与父母离异前的婚姻冲突以及父母自身的素质有直接关系。父母经常吵架，使女孩的生活环境恶化；父母道德素质差、不尽家庭义务，导致女孩的心理缺陷较为明显。由此可见，相比于离婚这件事，父母处理离婚的态度和方式对女孩的影响更大。

四、父母要让女孩明白"不爱了就放手"

两个人因为相爱走到一起，当爱情远去、婚姻无法维持时，是有权利选择离婚的。离婚之后，双方才有机会寻求各自的幸福。父母离婚是双方经过慎重考虑决定的，是大人之间的事情，女孩没有任何过错。如果父母能够理智地解决离婚问题，那么女孩在这个过程中，也能学会如何解决亲密关系中无法调和的矛盾——不纠缠，不怨恨，"一别两宽，各生欢喜"。

五、父母离婚后依然要对女孩尽到关爱和管教之责

父母离婚后，女孩只能跟着爸爸或是妈妈生活，大部分时间见不到另一个家长。所以要提醒那个不跟女孩一起生活的家长，一定要尽到自己的职责，平时要多打电话、多关心女孩的学习和生活，周末或节假日要通过带女孩吃饭、旅游等方式多与女孩交流。许多生活在单亲家庭中的女孩之所以会出现各种各样的问题，就是因为没有得到足够多的爱。只要父母双方尽职尽责，积极采取措施减少婚变给女孩带来的压力和影响，女孩就能较快地从父母离异的事件中走出来，心里也不会留下太多阴影。

父母虽然离婚了，但父女、母女之间的血缘关系永远都不会改变。父母依然要承担起养育女孩的责任与义务。父母只有处理好离异带来的种种问题，才能让女孩在"看清生活的真相之后，依然热爱生活"。

教导女孩活出生命的意义

人活着究竟是为了什么？这恐怕是世界上最令人困惑的问题。从古至今，许多先哲都探究过这个问题，却没有找到令人满意的答案。奥地利著名的心理学家弗兰克尔曾经提出一种"意义疗法"，他认为获得生命意义的途径主要有三种，父母们或许可以借鉴一下。

一、投身于热爱的事业

提起孔雀舞，大部分人可能会想到著名的舞蹈家杨丽萍，她似乎就是为舞蹈而生的。杨丽萍从小酷爱跳舞，她将自己的一生都献给了钟爱的舞蹈事业。为了跳出最美的舞蹈，她常年通过节食保持身材，连手指甲都要严格控制在5厘米的长度。虽然许多人对她的行为不理解，但是她并不在意别人怎么说。舞蹈让她快乐，这就够了。她在舞蹈中找到了生命的意义，她的生命已与舞蹈融为一体，不可分割。

父母要从小发掘、培养女孩的兴趣和爱好，因为一个人只有在做自己喜欢的事情时，才能倾注全部热情，全身心地投入；只有把喜欢的事情做到极致，才能让生命绽放光彩。

女孩即使没有从事自己喜欢的职业，也要干一行爱一行，端正态度，认真对待工作。因为工作是我们服务大众、为社会做贡献的主要途径。父母要教导女孩发扬螺丝钉精神，忠于职守，兢兢业业。能把简单的事情做好，就不简单；能在平凡的岗位上做出成绩，就不平凡。

二、感受爱，付出爱

爱可以让女孩体会到强烈的责任感，激发出她的创造性。著名心理学家弗兰克尔认为，爱是抵达人格核心的一种方法，它可以使人明白自己能够成为什么，应该成为什么，从而激发出一个人的潜能。

一位幼儿园老师经过长期观察，发现了一个有趣的现象：如果用严肃的态度、严厉的口气命令孩子们端端正正地坐在椅子上，过不了5分钟，他们就不耐烦了，屁股上像安了弹簧似的左扭右扭；但是如果对他们说："出于对妈妈的爱，请你们坐好。"这些小不点儿竟然能端端正正地在椅子上坐15分钟甚至更久，真是不可思议。

爱能使人爆发出巨大的力量，父母为了孩子可以奋不顾身，付出一切。比如地震时用血肉之躯抵挡钢筋水泥，在孩子生病时为他捐献器官；

同样，孩子为了父母，也可以瞬间变得强大。这就是爱的力量。有爱的人生才有意义。

三、风雨压不垮，苦难中开花

人的一生不可能一帆风顺。很多事情不是我们能够掌控的。比如地震和"非典"，就是一种突发的灾难。有的人失去了生命，有的人失去了亲人，许多人虽然活了下来，却很不幸地留下了后遗症，甚至身体残缺。父母要教导女孩，如果不得不面对巨大的苦难，那么一定要像松柏一样，经霜犹茂；莫学蒲柳，望秋而落。

谁都无法预知自己的生命是长是短，也无法预知在这或长或短的一生中，自己会经历什么，女孩也一样。令人感到欣慰的是，不管发生什么，女孩都可以选择做一个勇敢、正直、自尊、无私的人，也就是说，可以通过不向命运低头而活出生命的意义。

不要急，慢慢来

当女孩还是一个无忧无虑的孩童的时候，父母承担了生活中大部分的压力，为女孩撑起一片晴朗的天空；但是总有一天，女孩会长大，需要独自去面对属于自己的命运以及数不尽的酸甜苦辣、悲欢离合。从牙牙学语的稚童，到青春洋溢的少女，再到能独立面对一切风雨的成熟女性，这是每个女孩都会经历的成长之路，急不得，躁不得，况且，不必急。人生苦短，青春更短，女孩，你要走好每一步，慢慢享受你的成长，不辜负大好年华。

一、做一个有爱的女孩

爱是什么？但丁说，爱是美德的种子。罗曼·罗兰说，爱是生命的火焰。在我看来，爱是慈悲，是懂得，是春风化雨，是雪中送炭，是不离不弃，是相知相伴……总之，爱是世界上最美好的语言，是人性中最明亮的一束光。如果没有爱，人活在世上就是一具行尸走肉；如果没有爱，人生就是无边的黑暗。在成长的道路上，女孩要用心去感受爱，了解爱，学会爱。无论在什么情况下，都要守护好心底的那份爱。人生有爱，春暖花开。

二、无惧苦难

人生就像一盒巧克力，你永远不知道下一颗是什么味道。天地有炎凉，人生有四季。有晴空万里，就有乌云密布；有杨柳依依，就有雨雪霏霏；有风雨，也有彩虹；有欢笑，也有泪水。不管下一步遇到的是山穷水复，还是柳暗花明，女孩都应积极、乐观地去面对。没有在深夜痛哭过的人，不足以谈人生；不经历内心的痛苦挣扎，就不会有真正的成长。父母不妨这样教导女孩：请把生活赐予你的苦难，当作一份包装难看的礼物。请不要被苦难击倒，只要勇往直前，那些打不死你的，终将使你变得强大。

三、学会选择，并承担由此带来的结果

人生会遇到许许多多的选择，小到每顿吃什么饭、每天穿什么衣服，大到上哪所学校、从事什么职业，都难免犹豫、纠结。女孩年纪小的时候，很多事情不用自己操心，父母会帮你做出选择。等女孩长大了，就要学会自己选择。或许会感到迷茫，或许会走一段弯路，不要害怕，这是人生必须经历的过程，是成长的代价。选择错了要及时止损，及时回到正确的轨道上来，不要执迷不悟。为了少犯错误，选择时千万不能盲目和冲动。尤其是一些重大的选择，更要慎重。求学要择良师，交友要择良友，看病要择良医，婚恋要择良人。为自己的选择负责，就是为自己的人生负责。

四、相信自己

每个女孩都是独一无二的，都有自己的闪光点，千万不要妄自菲薄。即使遇到困难和挫折，也不要迷失自我，陷入无穷无尽的自责和自我否

定当中。即使所有的人都放弃了你，你也不要放弃自己。人生没有过不去的坎儿。只要天没塌下来，只要明天太阳照常升起，就不要放弃努力。女孩在任何时候都要相信自己，相信未来。当然，自信的资本是自尊、自强、自立。女孩要做自己的主人，不要学攀缘的凌霄花，借别人的高枝炫耀自己。依附他人，是最没有尊严的活法。

五、珍惜眼前人

每个女孩在小的时候，都有一个关于远方的梦。似乎生活在别处，精彩在远方。多年后蓦然回首，才发现值得过的生活、值得珍惜的人，其实就在自己身边。每天天不亮就起床为你准备早餐的父母、讲台上传道授业的老师、课间嬉戏玩闹的同学、心情低落时陪伴你安慰你的朋友……正是因为有了他们，你的生活才变得美好、充实、有意义。女孩可以试着多观察一下身边的人和事，感受生活中微小的欢乐与温暖，这样能让你更好地领悟幸福的滋味。

六、成长路上无捷径

无论父母多么爱你，成长只能靠自己。一方面父母要学会放手，女孩能做的事情让她自己去做，不要大包大揽，剥夺女孩成长的机会；另一方面，女孩要主动学习，勇于接受挑战。人生没有白走的路，每一步都算数。经历无论好坏，都是滋养生命的沃土。

成长不是一蹴而就的事，而是一辈子的事。希望每个女孩都能活成自己喜欢的样子。